小山洋司

旧ユーゴの自主管理社会主義
―― 理想・破綻の原因・結果

ロゴス

まえがき

　1991年までバルカン半島にあった旧ユーゴスラヴィアは世界的に存在感のある国であった。この国はソ連とは違う分権的な自主管理社会主義の道を歩み、外交的には東側の軍事ブロックやコメコン経済体制には加わらず、西側の軍事ブロックにも加わることもなかった。その代わりに、ユーゴは非同盟諸国運動を提唱し、チトー大統領はこの運動のリーダーとなった。

　ユーゴ自主管理社会主義は何を目指したかというと、第1に、多民族で構成される連邦国家の独立の維持と発展であった。第2に、勤労者（労働者・農民）が主人公の社会を作ることであり、それは自主管理社会主義を発展させることを意味した。

　私はこの国に関心を持ち、1978年10月から1980年3月にかけて1年5カ月、ユーゴ政府給費留学生としてこの国の首都ベオグラードに滞在し、研究に従事した。その後、2回、最初は1984年にユーゴ労働組合総同盟の招待により、2回目は1986年に日本政府文部省の科研費（海外学術調査）により、いずれも2カ月間、調査団の一員として現地調査を行った。この現地調査の成果は暉峻衆三ほか著『ユーゴ社会主義の実像』（リベルタ書房、1990年）として刊行された。私は単独でも研究成果を著書『ユーゴ自主管理社会主義の研究──

1974年憲法体制の動態－』（ミネルヴァ書房、1996年）を刊行したが、この著書で、これまで現地調査や文献に基づき、ユーゴの1974憲法体制の動態を分析し、詳しく叙述してきた。そのさい、1960年代の動向、とくに65年経済改革については、インフレの高進、失業率上昇、テクノクラート支配に対する国民の批判、等を簡単に論じただけであった。

　自主管理は約40年間続いたが、結局、破綻し、ついにはユーゴスラヴィア連邦国家の分解を招いた。ユーゴという国は世界地図からも消えてしまった。若い世代は、自主管理という原理に基づく社会主義国家が存在したことを全く知らない。彼らのために、この国は何であったのかを、あらためて、簡単に説明したい。いまになると、理想主義的だが、非現実的で、非効率的な経済システム（1974年憲法体制）を生み出した当時の指導者たちが60年代の政治・経済情勢をどのように認識していたのかが気になる。そこで、あらためて昔の文献を読み直し、1960年代の政治力学がどのように作用したのかに力点を置いて、1974年の憲法体制と経済危機を検討することにした。当時の政治力学を考えるときに参考にしたのはアメリカの研究者デニソン・ラシノウやハロルド・ライダールの著作などである。(1)

　新自由主義の下で、アメリカをはじめ日本やその他の国々で経済格差が著しく拡大するとともに、非正規労働者が増えてきた。このようなとき、旧ユーゴで、労働者が企業を自主管理したという壮大な「実験」を見直し、その破綻から教訓を引き出すことには意味があると思う。

〈注〉

(1) ラシノウは著書執筆当時、American Universities Field Staff の副所長であった。著書は 1978 年に刊行されたが、彼は 1963 年以来ユーゴスラヴィアとオーストリアに住み、ユーゴの動向をつぶさに観察して本書を執筆した。ライダールはイギリスのイースト・アングリア大学の名誉教授であった。

旧ユーゴスラヴィアの地図

出所：小山洋司『ユーゴ自主管理社会主義の研究−
1974年憲法体制の動態−』p. ii.

旧ユーゴの自主管理社会主義
－理想・破綻の原因・結果

目　次

まえがき ……………………………………………………………… 1

第1章　ユーゴ自主管理社会主義出現の時代背景 …… 9

1　第1のユーゴ　9
2　第2のユーゴとコミンフォルムからの破門　11
3　独自の社会主義の探求　17

第2章　自主管理社会主義の出現 ……………………… 21

1　自主管理のアイデア　21
2　企業内の自主管理機構　23
3　集権的経済システムから分権的経済システムへの移行　27
4　前衛党の役割の変化　38
5　旧ユーゴの南北問題　41

第3章　市場社会主義 …………………………………… 47

1　1960年代の改革　47
2　市場社会主義への前進　48
3　経済改革と企業内の影響力の変化　50
4　各共和国での民族主義の高まり　52
5　分権化　58

第4章　1974年憲法体制 −自主管理企業− ……………61

1　テクノクラート批判　61
2　自主管理企業の再編成　63
3　ユーゴ独特の金融機関　71
4　企業再編成の実際　73
5　意思決定の連邦的構造　75
6　企業内部の取引　76
7　投資のための資金確保　80
8　期待されるディレクター像　81
9　連合労働組織の経営および労働者評議会、労働組合、紛争　82

第5章　1974年憲法体制 −関連するシステム− …………91

1　自主管理利益共同体　91
2　自主管理型銀行制度　101
3　政治システム　103
4　協議経済の行き過ぎ　108

第6章　経済発展と経済危機 ……………………………111

1　発展戦略　111
2　市民の日常生活　113

3　経済危機の原因　118
　　4　自主管理の担い手と民族・歴史　127
　　5　経済危機から民族紛争、そして連邦解体へ　132
　　6　連邦分解の理由　137
　　7　旧ユーゴを構成した共和国、その後の歩み　140

補　論　モンドラゴンの経験が教えること……151

　はじめに　151
　　1　モンドラゴン　151
　　2　協同組合　154
　　3　労働人民金庫の重要な役割　158
　　4　研究開発の重視　159
　　5　危機への対応　161
　　6　最近のモンドラゴン　163
　　結　論　164

終　章 …………………………………………… 167

参考文献　171
人名索引　180

あとがき……………………………………………182

著者紹介　185

第1章　ユーゴ自主管理社会主義出現の時代背景

1　第1のユーゴ

　19世紀前半、セルビア、クロアチア、スロヴェニアでは言語学者など知識人を中心に南スラヴ運動が起こった。オスマン・トルコやハプスブルク帝国による長年の支配から脱するために南のスラヴ人の国家形成を目指す運動であった。これが実現したのは第一次世界大戦でオーストリア（ハプスブルク帝国）が敗北した1918年の11月のことであった。セルビアは早くからオスマン・トルコと戦い、すでに1876年のベルリン会議で独立が認められていた。スロヴェニアはオーストリアから、クロアチアはハンガリーからそれぞれ独立して、一つの国「セルビア人・クロアチア人・スロヴェニア人王国」（第1のユーゴ）を形成することになった。国家形成は先に独立していたセルビアの主導の下で進められ、集権的国家ができあがった。独立を果たしてものの、新しい国のまとまりは非常に悪かった。1928年、セルビア主導でユーゴスラヴィア王国になった。それへの強い反発と民族対立も生じた。議会内でクロアチア農民党指導者が暗殺されるという出来事さえもあった。

ドイツほか枢軸国による侵略、そして国の解放
　1941年4月6日、ナチス・ドイツはユーゴへの侵略を開始

し、イタリア、ハンガリー、ブルガリアも参戦した。4月7日、国王ペータルと政府関係者は飛行機でロンドンへ亡命した。6月22日、ドイツ軍のソ連攻撃が始まると、ユーゴ共産党指導部は国民に侵略者に対する武装蜂起を呼びかけた。相手は枢軸国だけではなかった。クロアチアではドイツの傀儡政権である「ウスタシャ」が現地のセルビア人を弾圧した。セルビアでは王党派のミハイロヴィチ大佐がチェトニク軍団を率い、侵略者に対して戦うと公言していた。当初、チトーはミハイロヴィチに会い、共闘を持ちかけたが、ミハイロヴィチは圧倒的なドイツ軍の兵力を前に今は戦力を温存し、機を見て戦うという消極的な姿勢を見せた。やがてチェトニクはパルチザン（武装解放勢力）にも攻撃を加えるようになったので、パルチザン部隊は外国の侵略者だけではなく、ウスタシャやチェトニクをも相手に戦わざるを得なかった。チトーはパルチザンの政治的母体を確保するため、1942年11月にボスニアのビハチでユーゴ国民解放評議会（AVNOJ）第1回大会を開催し、43年11月にはボスニアのヤイツェでAVNOJ第2回大会を開催した。パルチザンは大きな犠牲を払いながらたびたびドイツ軍に打撃を与えた。ところが、彼らの戦果はすべてロンドンの亡命政府に繋がるチェトニクの戦果として国際的に報道された。ソ連も米英との国際協力の枠組みを重視し、チトーからの度重なる武器、弾薬、医薬品の支援要請を無視し続けた。だが、実際にドイツ軍と戦い、戦果をあげているのはチトーの率いるパルチザンだという事実を最初に認識し、支援の手を差し伸べたのはイギリス政府であった。

　パルチザンは大きな犠牲を払いながらもほぼ独力で1944

年11月末に国を解放した。ユーゴの人的被害は死者170万人で、総人口の11％にのぼり、その比率では、ソ連、ポーランドに次いで世界第3位であった。残念ながら、ドイツ、イタリアなどの軍隊によって殺された人よりも、同胞同士（クロアチア人とセルビア人など）の争いで命を落とした人の数が多かった。1945年3月7日、チトーを首相とする連立政権が発足した。ロンドン亡命政府側からシュバシッチが外相となるほか2名が加わったが、26の閣僚ポストのうち23を共産党が占めた（柴編著、318頁）。同年11月11日に選挙が実施され、非共産主義的な諸政党はボイコットしたが、共産党が指導する人民戦線が全投票の90％を獲得した。同年11月29日に召集された憲法制定会議は君主制の廃止、ユーゴスラヴィア連邦人民共和国の樹立を宣言した。こうして、第2のユーゴがスタートした。

2　第2のユーゴとコミンフォルムからの破門

　ユーゴは社会・経済発展の後進的水準の下で社会主義への道を歩んだ。ユーゴは戦前は、アルバニア、ブルガリア、ギリシャなどと並んでヨーロッパの最も遅れた地域であった。1938年には1人当たりの国民所得がアメリカでは521ドル、ドイツでは337ドル、フランスでは236ドルであったのにたいして、ユーゴでは60ないし70ドルに過ぎなかった（当時のドルで）。当時、製造業で作り出された国民所得は国民所得総額のわずか26.8％しか占めていなかった。農業人口が総人口の75％も占めていた。しかも、農民の大部分が零細な土地

所有者であった（Rusinow 1977, p. xviii）。

　そのうえ、ユーゴは第二次世界大戦で大きな犠牲を被った。戦争勃発時1600万人と推計され総人口のうち170万人がこの戦争で死亡したか、逃亡したかもしくは追放され、または帰国を拒否した。戦死した者の平均年齢は22歳であった（Hoffman and Neal 1962, p. 86）。

　物質的損害に関して言えば、大雑把に言って、戦前の住宅の6分の1が破壊されるか、または重大な損害を被っていた。ベオグラードだけとってみると、住宅の40％以上が使いものにならなくなった。ユーゴの人口の25％がホームレスであった。1945年12月における繊維産業の生産水準は戦前の30～40％、食品加工産業は40～50％、金属工業は15～20％にすぎなかった。撤退するドイツ軍は、鉱山を水没させ、あらゆる機械設備を破壊していった。終戦時に動いて鉄道路線は一つもなく、レールと鉄道車両の50％強が破壊されたか、もしくは重大な損傷を被っていた。戦前41万トンもあった商船隊も5万5千トンに減少していた。終戦時に残存した資産としては、牛は47％、馬は48％、鋤と収穫機械は20％、農業用荷車は60％、のみであった（ibid, 24）。

　ユーゴは戦後、社会主義の道を歩むにあたってまず初めにこのような大きな打撃を受けた経済の復興から始めなければならなかった。当時、ユーゴのコムニスト（共産主義者）たちがいだいていた「社会主義の領導理念[1]」はソ連型社会主義であった。ユーゴではまず初めに生産手段の国有化が行われた。ここでは生産手段の国有化は比較的容易に実施された。というのは、権力を握った革命的な労働者たちの間には、マルク

スの言う「収奪者の収奪」の実施への革命的な熱狂があったからである。また、それは第二次世界大戦中に敵と共謀した者への報復という形をとったり、以前の所有者（たとえば、ユダヤ人）から敵がすでに収奪した資産の再収奪であったからである（Bicanic 1973, p. 23）。

　1946年12月6日の「私的企業の国有化に関する法律」により、銀行および基幹産業が国有化された。すでに戦前、国家によって経営されていた鉄道および戦時中敵国政府の統制下にあった河川船舶を国家セクターに組み入れることはまったく問題がなかった。海上にあり、連合国によってチャーターされていた商船の場合は、国有化は容易ではなかった。1948年4月28日に制定された第2次「国有化法」により、1948年前半までに、手工業と農業とを例外として、小規模の工商業企業までことごとく国家的所有に移行した（ibid, 24）。

　農業に関して言えば、1945年8月28日布告に基づき、第一次農地改革が実施された。東欧の他の人民民主主義諸国や中国などと同様、土地の国有化は行われなかった。ユーゴでも「土地は耕す者の手に」という根本的原則に基づいて農地改革が実施された。耕作する農民の耕地所有最高限度を25ha（営農条件の悪い山間地等では35ha）に制限し、永く「土地飢饉」に苦しんできた無土地・小土地所有農民に土地を分配するために、以下の条件に合致する者から土地を有償・無償で収用、あるいは没収した（暉峻・山中 1983, 30-32頁）。

(a)　無償収用の対象

　①25ha（または35ha）以上の耕地を所有し、その土地を貸しつけたり、賃労働を利用している非農業者のすべての土

地
②銀行・企業その他の法人が所有するすべての土地
③教会・修道院その他の宗教施設の所有する10ha以上の土地（ただし、歴史的に重要なものは30haの耕地と30haの森林が残された）
(b) 有償収用の対象
①非農業者の3〜5ha以上の土地
②農業者の制限以上の土地
(c) 没収の対象
①ドイツ系農民が放棄していった土地
②対敵協力者の土地

こうして生み出された土地は、連邦レベルで設置された農業評議会の指導の下に各地の人民委員会内に設置された農地改革委員会の手で、①農村の無土地所有農民および小土地所有農民の状況を改善し、②土地の不足しているいわゆる「開発途上」地域から入植してくる農民の土地要求に応え、③農民労働協同組合（SRZ）や国営農業エステート等の、農業における社会主義セクターの強化に役立てるために、無償で引き渡された。

当時、社会主義は「国家的所有＋中央計画化」と理解されていた。1946年6月に「国家計画化法」が制定され、ソ連をモデルに集権的計画管理システムが組織されていった。企業計画は国家計画の構成要素とされた。国営企業を指導するために中間管理環節である特別な国家機関（総管理局、主管理局、等：AORと略称）が置かれた。

企業のディレクターはその責任をAORに負うものとされ

た。国家計画はすべてを包括するものであった。年次計画は四半期、月間計画、旬間計画に細分された。1949 年には約 13,000 グループの商品が計画化の対象とされた。この年、国家予算は国民所得の 3 分の 2 をカバーしていた。年度計画を印刷した紙の重量は約 1 トン半に達し、どの企業も毎年 600 ないし 800 もの報告書を上級機関に提出しなければならなかった（岩田 1978、126-127 頁）。

　早くも 1947 年に重工業優先の工業化をめざす第 1 次 5 ヵ年計画（1947～1951 年）がスタートした。5 ヵ年計画の主要な目標は次の 4 つであった。(1) 経済的かつ技術的後進性の克服、(2) 国の経済力および軍事力の強化、(3) 経済の社会主義セクターの強化と発展、(4) 住民の全般的福祉の向上。これからもわかるように、消費は第 4 位に位置づけられていた。これらの目標を達成するために、戦前水準と比較して 5 年間に国民所得を 1.9 倍、農業生産を 1.5 倍、工業生産を 4 倍、増加させることが予定された。5 ヵ年計画は最初の 18 ヵ月間は順調に実施された。ところが、5 ヵ年計画の遂行を著しく困難にする深刻な事態が生じた。コミンフォルムからの除名である。

　アメリカとの対立が強まるなか、1947 年 9 月、コミンフォルム（共産党・労働党情報局、ソ連・東欧 + 仏伊）が組織され、その本部はベオグラード（ユーゴの首都）に置かれた。その理由は、ほぼ独力で国を解放したユーゴはその勢いで戦後の社会主義建設をリードすることができたのにたいして、解放勢力の弱かった他の東欧諸国（当時は、人民民主主義諸国と呼ばれていた）では社会主義建設が遅れていたからである。こ

れは表向きには、各国の経験の交換を目的としたものであった。そのユーゴが1948年6月28日、ブカレストで開催された第2回大会で破門されたのである。これは晴天に霹靂であり、世界中の人々を驚かせた。実は、これより半年前も前からユーゴとソ連の首脳の間で深刻な内容の書簡のやり取りがあったのである。

　ユーゴ代表が欠席する中で採択されたユーゴ非難決議は、ユーゴ指導部が次のような5点、すなわち、①内外政策の偏向、②意識的な反ソ政策、③農業政策の誤謬（農業集団化の遅れ）、④友党の役割の非マルクス・レーニン主義的な考え方、⑤友党に対する尊大な態度、特権の要求という点で重大な誤りを犯したとしてユーゴ共産党指導部を非難し、ユーゴ国民に直接、党指導部の更迭を呼びかけた（バス、マーブリ 1961、56-62頁）。これらはためにする批判であって、まったく当たっていない。

　たとえば、ソ連が農業集団化を開始したのが、1929年12月の末で、十月革命後12年も経ってのことであり、しかも実は農業集団化はソ連の農業に大混乱と大きな犠牲を招いたのであった。解放後まだ3年も経っていない当時のユーゴに対してソ連がこのような批判をすること自体が非常に不当なものであった。ユーゴとソ連の対立の本当の原因は別のところにあった。両国首脳間でやり取りされた書簡で争点となったのは、ソ連人顧問の待遇、合弁企業、ユーゴ国内にソ連が独自の情報網を作ること、等であり、それらに対してユーゴ側が反発したのである。

3 独自の社会主義の探求

　ユーゴの共産主義者たちは、自主管理社会主義という目標を掲げて解放闘争と革命を戦ったわけではなかった。ライダールは、そのような思想を持つ共産主義者は第二次世界大戦以前であれば粛清されたであろう、と述べている (Lydall 1984, p. 66)。ユーゴの共産主義者たちは大きなイデオロギー的ジレンマに直面した。解放戦争当時、多くの兵士が「スターリン万歳」と叫びながら死んでいった。ユーゴ共産党を攻撃するソ連共産党の手紙（スターリンとモロトフが署名）に接して、対策を協議するために開催された1948年4月12日の中央委員会では、ソ連共産党を支持する2名を除く中央委員全員がスターリンとモロトフの手紙に反論した。ユーゴ共産党の回答文は、「われわれは、誰にもせよ、社会主義の国ソ連をどんなに愛するからといって、やはり社会主義を建設しつつある自分の祖国を、正確に言えば、数十万の最も進歩的な市民たちがそのために死んでいったユーゴ人民共和国を、ヨリ少なく愛していいということにはならない」と述べていた。この頃、ユーゴは西側諸国とも対立状態にあった。とくにトリエステの領有(2)をめぐってイタリアおよびそれを支持する西側諸国と対立しており、ユーゴはまさに四面楚歌の状態に置かれていた。

　「ユーゴ側の最初の反応はいくぶんナイーヴであった」(Horvat 1971, p. 16)。ユーゴ側は、スターリンたちは誤った情報を得ているに違いない、と考えた。コミンフォルムからの

除名直後に開かれた共産党第5回大会（1948年7月）では代議員はチトーをはじめとする指導部を圧倒的多数で信任した。だが、この大会ではチトーは報告の最後に慣例により、「ソ連万歳‼、スターリン万歳‼」で締めくくり、また会場も「ソ連万歳‼、スターリン万歳‼」で応えた。ソ連と対立したとはいえ、前述のように、当時、ユーゴのコミュニストたちがいだいていた「社会主義の領導理念」はソ連型社会主義以外にはありえなかった。ソ連によるイデオロギー的批判に対して身の証をたてるかの如く、1949年1月、ユーゴ共産党中央委員会は農業集団化の加速を決定した。ソ連のコルホーズに類似したSRZ（農民労働協同組合）の数は1948年には1,217であったが、1950年には6,913になった。「破門されつつも、ソ連との関係改善に期待し、1949年1月にはコメコンへの加盟を申請したり（もちろん、拒否される）、1949年夏ごろまでチトーにも、カルデリにもスターリンとの和解の可能性に対する期待が存在していた」（沢田、1975、118頁）と考えられる。

しかし、関係改善どころか、ユーゴはコミンフォルム加盟諸国からの経済封鎖を受けた。1948年7月から秋にかけてコミンフォルム加盟諸国は次々と経済協定の破棄を通告してきた。「ハンガリーの西端からブルガリアの南まで、それからアルバニア国境に沿ってこれら隣国との一切の往来が断ち切られた」（カルデリ、1982、155-156頁）。さらに、国境沿いに戦車が配置され、軍事的な威嚇すら受けたのである。

チトーら指導部は教義よりも国の存続を重視せざるをえなかった。アメリカとの間には戦後、チトー政権がアメリカ資産を国有化したり、王国政府の債務の支払いを拒否したことで

紛争が続いていたのであるが、ユーゴは関係改善に乗り出した。早くもコミンフォルムからの除名の数週間後、ユーゴはアメリカ資産の国有化、武器貸与協定、その他の債務にかかわる請求に対して支払いをし、他方、アメリカは第二次世界大戦勃発時に王国政府が保管を委託していた 4,700 万ドル相当の金の凍結を解除することで合意に達した。1950 年 12 月にはアメリカ議会はユーゴ緊急経済援助法を採択した（Hoffman and Neal 1962. pp. 147-148）。

〈注〉

(1) 「領導理念」の役割については、中山弘正（1976）、8 頁参照。
(2) 当時、トリエステの市街地はイタリア人が多く住み、その郊外には多くのスロヴェニア人が住んでいた。第二次世界大戦の終盤、スロヴェニアの解放勢力は北部戦線でドイツ軍を相手に戦い、それに勝利した勢いでトリエステに攻勢をかけ、イギリス軍よりも早く到着した。しかし、連合軍の司令官から撤退するよう最後通牒を受け、イギリス軍との間で緊張状態が生じ、最終的にはモスクワの支持が得られず、解放戦線は撤退せざるを得なかった。戦後、「トリエステ自由地域」として国連の保護下に置かれたトリエステおよび北イストラの一部はＡ地区（トリエステ市）とＢ地区（南側の地域）に分けられ、国際的な管理下に置かれたが、1954 年、Ａ地区はイタリアに、Ｂ地区はユーゴに帰属することが正式に決まった。

第 2 章　自主管理社会主義の出現

1　自主管理のアイデア

　チトーら指導部は、社会主義を目指すユーゴに対して社会主義国のソ連がひどい仕打ちをするのは何故かと考え、労働者階級から分離した国家の官僚層が独自の利害を持つようになったからだと理解した。指導部はスターリンの著作（たとえば、『レーニン主義の基礎』）などを通してマルクス主義思想を学ぶのではなく、改めてマルクス、エンゲルス、レーニンの著作を読み直して、彼らが社会主義をどのように考えていたのかという思いで、理論的再検討を行った。その結果、「自由な生産者の連合体」としての社会主義（「直接的生産者のアソシエーションとしての社会主義」）ならびに「国家の死滅」というビジョンに着目した。こうして、労働者自主管理という構想が生まれてきた。

　ユーゴの指導者の間で、労働者による自主管理という構想がいつ生まれたかについてはきちんとした記録はない。さまざまな証言があり、カルデリ自身はすでに、「1949 年の春のある日、……チトーに建議した」と述べているが、1950 年春とするジラスの証言とは 1 年近くのズレがある。ジラスはマルクスの著作を再検討する中でマルクスの「生産者たちの自由なアソシエーション」という記述に注目した。「車に座りながら、カルデリとキドリッチにこのアイデアを述べた。2

人はそのような計画が実施されるまでにはあと5、6年必要だろうと考えていた。だが、翌日、キドリッチが電話をしてきて、直ちに前進したい、と述べた」（Lydall 1984, p. 70）とジラスは証言していた。

　アメリカのユーゴ研究者デボラ・ミレンコヴィチによれば、カルデリは早くも1949年7月に、「国家の死滅」の命題に基づいて資本主義から共産主義への過渡期に関する新しい解釈の萌芽を描いていた。ユーゴにおけるイデオロギー的変化をミレンコヴィチは次のような3つの要素にまとめている。(1) ソ連の官僚主義的組織の批判、(2) 参加型の統治（企業の管理への直接的生産者の連合を含む）と国家の死滅の肯定的評価、(3) 社会主義における計画と市場の役割の新たな分析。ミレンコヴィチによると、これらの要素は1950年初めに突然合体した（Milenkovitch 1971, p. 66）。

　ユーゴにおける自主管理は正式には1950年6月に始まったが、実はそれよりも前に動きがあった。1949年5月にカルデリは地方政府に大きな権限が与えられるべきだと議会で演説し、そして企業のディレクターたちは「企業経営のすべての問題に関して最も優れた労働者たちと」相談すべきだと提案していた。同年12月、ユーゴ共産党政治局の決定に基づき、215の大企業で諮問機関として労働者評議会が設立された。1950年6月の「労働者集団による国家経済企業と上級経済連合の管理に関する基本法」（いわゆる労働自主管理法）により、国営企業に労働者自主管理が本格的に導入された。この法案を連邦議会に提案するとき、チトーは次のように述べた。「工場を労働者に、土地を農民に、というスローガンは決

して抽象的なプロパガンダのスローガンではなく、深い意味をもつスローガンである。それはそれ自身、生産におけるそしてまた社会的資産に関する社会主義的諸関係の全プログラムならびに労働者の権利と義務を内包するものであり、それゆえ、もしわれわれが社会主義の建設を本当に願うのであれば、それは実践において実現できるし、実現されなければならない」(Horvat 1971, p. 77)。この法律により、国営企業に自主管理を導入することは義務的とされた。企業内の自主管理機構は次のようになっていた。

2　企業内の自主管理機構

労働者評議会

労働者数が 30 名未満の小さな企業にあっては全員が労働者評議会のメンバーになった。それよりも大きな企業にあっては労働者評議会のメンバーは労働者のなかから選出された。労働者評議会は 15 名ないし 120 名で構成されたが、その数は企業の規模と構造に応じて決まった。労働者評議会のメンバーの 75％ は生産的労働者でなければならなかった (ILO 1974, 85-86 頁)。労働者評議会の任期は 1 年であった (1957 年に任期は 2 年、そしてメンバーは毎年半数交代するものと変更された)。法律によれば、労働者評議会は少なくとも 6 週間に 1 回は会議を開かねばならないことになっていた (同上書、105 頁)。

企業が労働者の手に委ねられた。そして労働者は労働者評議会を通じて企業を管理すると言っても、彼らは日常的には

現場で働いているのであるから、やはり経験、知識、能力のある経営の専門家が必要であることには変わりはない。その役割を果たす人物が企業長（ディレクター）である。労働者評議会と企業長の役割分担は当初は不明確であったが、まもなく、「企業長は、生産過程の総合的指導者としての役割を受け持ち、労働者評議会は、労働集団内の社会関係の管理関係を果たすのであるという基本的区分が定式化された」（岩田1978、163頁）。労働者自主管理の制度のもとでは、原則として、企業長は指導するのであり、管理するのはあくまで労働者評議会であることに注意されたい。労働者評議会はその執行機関となる経営委員会を選出し、この経営委員会が企業長と一緒に企業の経営にあたるのである。

労働者評議会の主要な機能は次のようなものであった。

①経営委員会の委員の選出と罷免。

②定期的な報告の審査。

③企業の定款や規則、資金計画や生産計画、投資計画や貸借対照表と損益計算書などの採択。

④法律によって自らの権限とされている多くの事項、たとえば、企業目的の変更、他企業との合併、新部門ないし支店の設立、運転資金の増減、純利益の処分、設備の売買などについて決定する。

⑤（1958年1月1日以降）企業の人事政策についても責任を負い、しかもここの紛争の最終的決定権をもつ（ILO 1974、85-86頁）。

経営委員会

経営委員会（managing board）は労働者評議会の恒常的な執行機関で、労働者評議会が決定した政策に従い、企業経営に責任を負うことになっていたし、企業の有効な運営についても一般的責任を負っていた。経営委員会は３～11名で構成された。経営委員会は労働者評議会によって選出された。経営委員会のメンバーは労働者評議会のメンバーに限られず、労働者集団全員の中から選出された。企業長も職責上、この委員会に加わることになっていた（同上書、96-97 頁）。
　経営委員会の機能は次のようなものであった。
　①労働者評議会に企業経営に関する報告書を提出し、労働者評議会の権限（たとえば企業の年次計画の立案、企業の定款、資本財の売買に関する申請書、および投資計画の立案）の範囲内の諸問題について、申請書を作成する。
　②労働者評議会で決定した一般的政策の実施について特別の責任をもつ（例えば、月間の操業計画を決定したり、企業の基金の利用、解雇あるいは配転に対する労働者・職員の異議申し立てについて第１審としての意志決定をする、など）。また、労働者評議会の決定を効果的にするために、必要な措置をとる。そして、企業の日々の経営に関するいかなる問題についても配慮する。
　③企業長およびその部下の仕事を監督し、役職が空席になったときには直ちに後継者をその地位に送り、企業の指揮をとる（同上書、96 頁）。

企業長

　企業長の権限は次のようなものであった。

①企業活動を組織し、計画の実施と企業の運営を直接に指導する。
　②法規、企業経営委員会の決定、管轄機関・上級経済連合の経営委員会とそのディレクターの指示・命令を実施する。
　③経済計画の枠内でかつ企業経営委員会の決定に応じて契約を結び、流動手段を配分する。
　④国家機関に対して、また自然人や法人との法律的関係において企業を代表する。
　⑤職責上、経営委員会のメンバーになる（岩田 1978 年、166頁）。

　大企業または中企業では、企業長は上記の業務を執行するために、通常、生産部長、経理部長、人事部長、営業部長などの執行幹部（経営スタッフ）によって補佐された（ILO、前掲書、119 頁）。

　1950 年に労働者評議会が導入された時点では、企業長は、上級経済連合の経営委員会が任命し、企業が連合していないときは、管轄国家機関が任命することになっていた。企業の労働者評議会あるいは経営委員会は、企業長の解任を提案しうるだけであった。まだこの段階では労働者集団は企業長の任免権をもっておらず、労働者評議会の権限も限られていた（岩田、前掲書、161 頁）。

　その後、1953 年 12 月 18 日の企業設立に関する法律によって、企業長は公募と選考委員会によって選ばれるという原則が決まった。この選考委員会の構成については 2、3 回変更があったが、1957 年の法律によれば、メンバーの半数はコミューン人民委員会によって任命され、残りの半数は当該企業に

よって任命されることになっていた。選考委員会は企業長公募について日刊紙または専門誌を通じて公募する。選考委員会は応募者の中から最も適当と思われる候補者をコミューン当局に推薦する。それを受けて、コミューン人民委員会はコミューン議会の同意を得て、その候補者を企業長に任命する。このように、労働者自主管理が導入されてからもしばらく上級国家機関、とくにコミューン人民政府が企業長の任命権者であった。だが、1963年憲法は労働者評議会に企業長を任免する権限を与えた（ILO、前掲書、114-115頁）。

　ILOの報告書は次のような評価を下していた。企業の自主管理制度は、「多くの点で企業内部での企業長の地位を決定的に弱めたように思われた。しかし同時に、外部に対する関係では、企業長としての、または執行上の責任者としての彼の役割を強化することになった。彼は、もはや企業外部からの命令またはその指令を執行する必要もなく、また、外部からの承認を待つ必要もなくなったが、そのため、困難な事態になっても彼は責任を逃れることはできなくなった。しかし、成績を上げれば、物的および精神的な報酬を保証されていた」（同上書、129頁）。

3　集権的経済システムから
　　分権的経済システムへの移行

　労働者自主管理と集権的な計画管理制度とは原理的には相いれない。1951年12月末までに「計画管理法」が公布された。1946年の「国家計画法」は効力を失った。計画化の概念

は従来の国家機関による垂直的な個別制御から、生産と国民所得の分配・支出を基本的に誘導する「基本比例」に基づく社会計画へと変更された。基本比例とは、生産能力の利用の最低限、照応する賃金ファンド、賃金総額と比較した利潤、基本的な資本形成、租税、財政資金の配分の数字であった。中央計画は成長率や投資・消費の比率に影響を与えることによって、また経済構造の変化に影響を与えることによって、行政的命令を下すことなしに全般的な経済活動を規制することが期待された。ソ連のゴスプラン型の計画委員会は行政的権限をもたない専門機関としての連邦計画局によって置き換えられた。共和国、地区（のちにコミューンも）、企業はそれぞれ自分の計画を独自に作成することになった。社会計画はもはや国家計画のような強制力を持たず、むしろガイドライン的なものになった。社会計画の下では、企業の計画は独立的であり、非営利組織も包括され、全当事者間の協議が行われることになった（Horvat, 1971, p. 89）。

　総管理局やその他の直接的な企業統制機関が廃止され、企業に多くの権限が移譲されていった。このようにして、集権的な計画経済は徐々に解体され、市場メカニズムを取り入れた分権的経済システムへの移行が進んだ。

　1953年1月には、1946年憲法を修正した「憲法的法律」が採択され、1950年以降の新しい立法措置が憲法原理にまで高められた。そして、労働者自主管理の原則が企業の枠を超えて適用され、地域の政治単位であるコミューンの役割が強化された。憲法的法律は、生産手段の国家的所有から社会的所有（社会有）への転換を強調した。自主管理と共に社会有が

この国の社会経済システムの基礎だとされた。

　第1次5ヵ年計画（1947～51年）は1年間延長されたが、それでも完遂されなかった。だが、それは成功とは言えないまでも、失敗とも言えなかった。というのは、戦前水準以上の生産を実現し、GNPに占める固定資産投資を33％にまで高め、この期間に新たな産業を作り出したからである。この時期にソ連をモデルとした重工業優先の工業化が行われたが、50年代に数多くの「政治的工場」が建設されたことが問題となった。1952年から56年までは、年次計画のみ作成された。1957年から第2次5ヵ年計画（1957～61年）が始まった。この5ヵ年計画では消費の割合を高めるために、工業への投資の割合は引き下げられた。工業のなかでも消費財工業をより急速に発展させることが予定された。この第2次5ヵ年計画は4年間で達成された（Horvat, 1971, p. 89）。

　農業面では、1949年以来実施されてきた農業集団化は農民の大きな反発を招き、そのため、SRZの数の増加とは裏腹に、農業生産高は低下した。チトーを初めとする指導部は現実的な判断に立ち、1952年に集団化キャンペーンを中止し、農民にSRZを脱退する権利を認めると共に、第2次土地改革により土地所有の上限を10haに引き下げた。こうして、農業の社会主義的改造の課題は性急に実現されるのではなく、長期的な展望に立って取り組まれることになった（暉峻 1975、1976）。

生産手段の社会有

　1953年に国家的所有は社会有（social ownership）にとって代わられた。ユーゴのコムニストは、コミンフォルムからの

除名を受けて、ソ連型社会主義の本質を考察した。新生ユーゴ社会主義に圧迫を加えるのは、ソ連の労働者階級とは別個の利害を有する党・国家の官僚機構であり、その基盤は生産手段の国家的所有だと認識し、国家的所有概念を否定するようになった。ユーゴのコムニストは「国家の死滅」の理念を重視し、生産手段の公的所有＝国家的所有、という認識を止めた。その代わりに、彼らは「社会有」という概念を提唱した。これは要するに、「生産手段は皆のものであり、誰のものでもない」というものであり、「無所有的性格」が強かった。

当初、資本は企業に与えられたが、1954年以降、企業は社会的資本の使用について6％の税を払わなければならなかった（Uvalic 2018, p. 13）。企業の自主性は拡大し、1957年には個人所得（いわゆる賃金のこと）ファンドの分配を自主的に決定する権限を得た。

資本主義社会での賃金に相当する「個人所得」部分は、社会主義ユーゴの自主管理企業では、費用としては扱われない。賃金制度は1958年に廃止され、その代わりにマルクスの言うv+m部分（vは可変資本、mは剰余価値）は一括して「所得」として取り扱われるようになった。この点について、ルドルフ・ビチャニッチは次のように説明している。「労働者は賃金・報酬ではなく、個人所得の形でその稼ぎを得る。言い換えると、労働者は支払われるべき権利をもつ雇われた人員として考えられるのではなく、自分の労働で稼いだ額を企業から受け取るのである。賃金制度は完全に廃止された。この状況においては労働者の稼ぎは企業の費用を意味しない。労働者は労働者評議会を選出するのであり、それゆえ、経営責

任を負うところの社会主義的ファンドの運用者である。言い換えると、労働者の個人所得はもはや従属変数ではなく、企業の売上げ、収益および損失の函数である」(Bicanic 1973, p. 108)。企業の売上げは図1（次頁）では総収入として表示されている。ここから、いくつかの項目が差し引かれ、最終的に純個人所得に至るのである。なお、SIZ（自主管理利益共同体）については、本書第5章を参照されたい。

　40年ほども昔、筆者は新潟大学の同僚であった会計学の専門家木下勝一教授にこの図を見せて、ユーゴでは資本主義社会での賃金に相当する「個人所得」部分は自主管理企業では費用としては扱われないと説明したところ、彼はすかさず、それは重大な欠陥だと指摘したことを今でも覚えている。スペインのモンドラゴン協同組合（「補論」参照）では、給与に相当するのは「労働に対する前払い」である。資本主義経済の中で営業するわけであるから、景気変動やその他の要因により、それぞれの協同組合の売上げは月により変動し、時には目標を大幅に下回り、計画していた「給与」額を支払えず、減額せざるを得ないこともあり得るが、そういうリスクを覚悟のうえで労働者は協同組合に加入したのである。この点は後で再度論じることにする。

　ユーゴではまだこの段階では企業は単純再生産にかかわる問題を決定できただけであった。依然として、国家（連邦政府だけでなく、共和国・自治州政府やコミューン政府も含めて）が社会的投資ファンド（1954年設立）を通じて間接的に拡大再生産の部面に影響を及ぼし続けた。

　改革を目指す動きは民族感情の高まりから力を得たが、指

図1 企業（連合労働組織）の総収入および所得の分配の図式

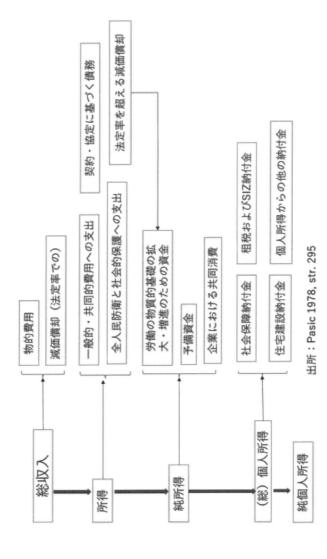

出所：Pasic 1978, str. 295

導者たちはこの側面を隠そうとした。たとえば、クロアチア共産主義者同盟のトップのバカリッチは、民族主義的なニュアンスのある「分権化」を「脱国家化」と言い換えることに成功した（Lydall 1984, p. 77）。

　1961年に銀行制度が改革されたが、それの狙いは、銀行をそれまでのように社会的資金の出納を行うことで各級の政府機関に奉仕する機関から、それ自身、収益を生む企業体に転換することであった。他の経済組織（企業）に依存していた管理方法や所得分配方式が銀行にも適用された（Wolfenbarger 1974, p. 74）。1962年になると、銀行は企業のための定期預金勘定を開設した。1963年には、共和国銀行もコミューン銀行も定期預金獲得キャンペーンを大々的におこなった。こうして、銀行は投資信用を行うために必要な基盤を強めていった（Ibid, pp. 75-77）。

　1963年改革により、6つの共和国銀行が設立された。もっとも、これらは短命で1965年まで存在しただけであった。銀行は依然として社会政治共同体（連邦、共和国、コミューンの総称）によって設立され、その営業は設立した社会政治共同体の領域内で行われることになっていた。

　1961年には、ようやく銀行にも労働者評議会が設けられたが、銀行の所得分配など限定された権限しか持たなかった（Nollar 1975, p. 211）。銀行のディレクターはあいかわらず各級の政府によって任命された。3つの専門銀行は連邦政府により、共和国銀行は共和国政府により、コミューン銀行はコミューン政府により任命された。けれども、とくにコミューン・レベルでは銀行の営業への政治的介入をとり除き、企業

による影響の拡大を図るために、銀行の経営委員会のメンバーの3分の2は当該企業の領域に所在する企業の労働者評議会によって任命されることになった（Horvat, 1976, p. 212）。

表1　1963年末における社会的投資基金

	100万ディナール	構成比（％）
一般的投資ファンド	21,021	66.8
共和国投資ファンド	6,304	20.0
地方およびコミューン投資ファンド	4,158	13.2
合計	31,483	100.0

出所：World Bank (1975), p. 213

図2　経済システムの諸要素の変化

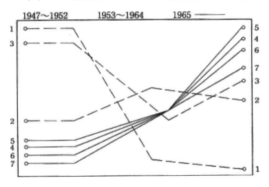

1) 経済における国家の命令的、かつ組織上の役割
2) 国家の間接的な命令的な役割（国家に夜経済的施策）
3) 社会計画　　4) 市　場　　5) 生産者の役割
6) 企業の自律性　　7) 自主管理下の経済組織

出所：Gorupic (1974), p. 140

表2　ユーゴスラヴィアにおける銀行

銀行のタイプ＼年度	1948	1952	1955	1961	1963	1964	1966	1967	1968	1970
コミューン銀行	89	—	不明	不明	220	206	—	—	—	—
共和国銀行	6	—	—	6	8	8	—	—	—	—
商業銀行	—	—	—	—	—	—	62	54	28	—
兼営銀行	—	—	—	—	—	—	40	40	36	55
投資銀行	1	—	2	3	3	3	9	9	9	9

備考：1. 国立銀行および貯蓄銀行は除く。
　　　2. 1952-54年の期間は、既存の銀行はすべて国立銀行のネットワークに吸収されていった。
出所：World Bank (1975), p. 233 および Horvat (1976), p. 214 より作成。

社会的投資ファンドの資金の相当部分が企業からの納付金を通じて獲得されたものであったが、1962年に「社会的投資ファンドへの納付金」が50％も引き上げられたとき、このような「搾取」に対して一斉に悲鳴があがった (Horvat 1976, pp. 221-222)。投資資金の配分にさいして「政治的基準」を用いるのを減らし、できるだけ「経済的基準」を用いよという動きが強まるのは当然であった (Wolfenbarger 1974, p. 83)。こうして、連邦レベルの「一般的投資ファンド」が1963年末をもって解体されることになった。「一般的投資ファンド」の資産はユーゴ投資銀行 (74.8％)、ユーゴ外国貿易銀行 (6.6％)、ユーゴ農業銀行 (17.8％)、国立銀行 (1.7％) にそれぞれ分割されて移管された (ibid., p. 84)。

　共和国やコミューンの社会的投資ファンドの資産も同様に銀行に移管するかどうかは、共和国やコミューンの判断に委ねられた。投資過程における政府の役割を低下させるためのもう一つの追加的措置が続いた。1964年1月、共和国、地方ならびにコミューンの社会的投資ファンドへの納付金は廃止された (ibid., p.85)。

　1958年のユーゴ共産主義者同盟(SKJ)の新綱領は社会主義を「社会化された生産手段に基づく社会システムであり、そこでは社会的生産は連合した直接的生産者たちによって管理され、所得は自分の労働に基づいて分配され、労働者階級の支配の下でそれ自身が一つの階級として変化しており、すべての社会的関係は階級的敵対や人による人の搾取の要素から徐々に解放されている」と定義した (Horvat 1976, pp. 19-20)。

　1963年憲法は、全般的な自主管理を目指すことを力説し

表3 資金別に見た固定資本投資の内訳
（私的投資を除く）

資金源 年度	経済組織	施設等	銀行	社会政治共同体(連邦・共和国・コミューン)の予算	合計
1948	1.0	n.a.	n.a.	99.0	100.0
1953	13.0	n.a.	n.a.	87.0	100.0
1955	27.0	8.0	1.0	64.0	100.0
1961	29.5	7.9	0.9	61.7	100.0
1962	29.7	7.7	2.9	59.7	100.0
1963	27.9	6.7	9.9	56.4	100.0
1964	25.9	6.2	31.4	36.5	100.0
1965	28.9	7.9	36.6	25.6	100.0
1966	39.3	6.6	48.9	15.2	100.0
1967	32.7	4.7	44.9	17.7	100.0
1968	31.2	6.0	57.1	15.7	100.0
1969	28.4	6.4	49.4	15.8	100.0
1970	27.4	6.4	50.4	15.7	100.0
1971	26.8	7.1	50.9	15.2	100.0
1972	29.6	8.0	42.5	19.9	100.0
1973	32.9	8.6	39.6	18.9	100.0
1974	35.1	9.7	37.5	17.7	100.0
1975	36.3	10.0	37.1	15.6	100.0
1976	34.5	13.9	38.6	13.0	100.0
1977	36.5	12.3	42.3	8.9	100.0
1978	34.4	11.9	46.6	7.1	100.0
1979	33.2	13.2	47.1	6.5	100.0
1980	32.7	13.9	46.4	7.0	100.0
1981	34.5	14.0	43.6	7.9	100.0
1982 (I-VI)	38.8	15.1	38.2	7.9	100.0

出所：Horvat (1976), p. 222; Vojnic (1983), str. 20.

た。自主管理実施の対象が経済的な作業単位から非営利的な作業単位を含むすべての作業単位へと拡大された。つまり、学校、病院およびコミューンを含む政治的単位でも自主管理が実施されることになったのである（Sirc 1979, p. 194）。また1963年憲法は国名をユーゴスラヴィア連邦共和国からユーゴスラヴィア社会主義連邦共和国に改めた。ユーゴ連邦の領域は単一の経済・関税地域だと定められた（ibid, p. 104）。

4　前衛党の役割の変化

1952年6月の第6回大会でユーゴ共産党はユーゴ共産主義者同盟（SKJ）へと名称を変更した。これはたんなる名称変更にとどまらない重要な意義があった。「強力ですべてを包括する党組織」という考え方は労働者自主管理の精神とは原理的に対立する。前衛党が国家と癒着して、上から行政的にすべてを指導するという従来のやり方を改め、SKJは自らの役割を指導的役割（leading role）ではなく、道案内的役割（guiding role）と規定した[2]。

第6回大会以降、党改革が順調に進んだわけではない。その逆に、紆余曲折を経て進行した。第6回大会の党改革の方針はむしろ下級の党幹部を当惑させ現場を混乱させた。早くも翌年の1953年6月、この問題を処理するために中央委員会が開催された。総会は、党規律の引き締めの必要性を述べ、民主集中制は党だけでなく政府の行動にもあてはまるものだとの解釈を打ち出した。ところが、次第に党指導部のなかでの意見の違いが明らかになってきた。

官僚主義との闘いと民主化を強固に主張したのが理論家で、チトーに次ぐ第 2 の実力者ミロヴァン・ジラス（当時、副首相で、1953 年 12 月からは連邦議会議長）であった。彼は 1953 年秋から社会主義勤労者同盟の機関紙『ボルバ』に、次いで党の理論雑誌『ノヴァ・ミサオ』に論文を連載した。彼は初めのうちはスターリン主義を批判し、官僚主義や独善主義や日和見主義の危険性について警告していたが、連載が続くうちに彼の論調はしだいにエスカレートしていった。同年秋に彼が「目標としての共産主義はあまりにも遠すぎて意味がなく、それよりもむしろ段階ごとに実現可能な具体的措置を目標とすべきだ」と論じたとき、彼の議論はカルデリやランコヴィチの批判を招いた。2 人の批判に対して、彼は、「それは無原則的、スターリン主義的、官僚主義的、似非民主主義だ」と反論し、SKJ に批判の矛先を転じた。彼は、ユーゴにおける階級闘争について語るのはもはや意味がなく、新たな敵は官僚制だと論じた。モンテネグロ人で直情径行のこの理論家は踏みとどまることなく、1954 年 1 月初めに掲載された論文の中で、「レーニン主義的タイプの党・国家の独裁は陳腐になった」として、SKJ の死滅を主張し、「党官僚のインナー・サークル」が享受している特権にも言及した。ここに至り、党指導部は国民の間での彼の影響力を放置することができなくなり、1 月 10 日付の『ボルバ』で、「ジラスの論文は執行委員会（以前の政治局に代わるもの）の他のすべてのメンバーの見解とは異なる」と声明を発表した。1 月中旬に開催された SKJ 中央委員会第 3 回総会でジラスは批判の集中砲火を浴び（弁護したのは『チトー伝』の著者デディエルのみ）、中

央委員を解任されたが、SKJからの除名は免れた。

　自分の見解を発表する手段を失ったジラスは、党内で行動の自由が許されないのであれば、ユーゴには二党制が必要だと考えるに至った。1954年12月、『ニューヨーク・タイムス』のベオグラード特派員のインタビューに応じ、そこでSKJに匹敵する新たな民主主義的社会主義政党を提唱した。この行為が「敵対的プロパガンダ」の禁止に関する法律にふれるとして、ジラスは執行猶予付きの懲役刑の判決を受けることになった。その後も、ジラスは外国の報道機関を通じての意見表明を続けたので、1956年12月に彼は実際に服役することを余儀なくされた。服役する前に、彼は新著『新しい階級』の原稿を国外に持ち出した。彼はこの著書の中で、「私的所有が廃止されたソ連で、国有財産を管理し、使用し、処分し、特権を享受する政治的官僚、すなわち新しい階級が生まれたが、ユーゴにおいてもまったく同様に、新しい階級が生じた」と説いた。この著書を外国で出版したことにより、彼の懲役刑は10年に延長された(3)。

　その後、SKJの体質改善は、集権化論者のランコヴィチ副大統領（SKJ中央委員会組織担当書記も兼任）が1966年に失脚するまで進まなかった。ようやく彼の失脚後、SKJの改革が真剣に論じられた。SKJの道案内的役割とは、社会発展のこの段階においては、自主管理を方向づけ、連邦政府に至るあらゆるレベルで自主管理機関を建設するのを助けることだとされた。そしてSKJは政治生活を支配する権力の一要因であることをやめ、「権力からの党の分離」(Carter 1982, p. 96) を課題として自分に課した。それは具体的には次のようなこと

を意味していた。すなわち、①連邦政府ならびに共和国政府の活動、②議会の活動、③議会の代議員の選挙、といった3つの中心的領域にSKJが直接乗り出し、統制するのをやめること、さらには統一戦線組織である社会主義勤労人民同盟への直接的統制の行使をやめることであった（ibid, p. 100）。

5　旧ユーゴの南北問題

　かつてのユーゴスラヴィア社会主義連邦共和国においては、セルビアは最大の人口を持っていた。セルビアでは農業人口が圧倒的に多く、1953年において全人口の3分の2を占めていた。経済的豊かさでは、北のスロヴェニアやクロアチアに遅れをとり、1人当たりのGDPはつねに旧ユーゴの平均程度であった。

　第二次世界大戦後、社会主義政権下で「土地は耕す者の手に」の原則に基づき、農地改革が実施された。(4)1948年にソ連のコルホーズ型の生産協同組合が開始された。1948年にユーゴはソ連と対立し、コミンフォルムから除名されるという重大な事態があったにもかかわらず、自国の社会主義建設路線おいて逸脱はなかったことを証明しようとするかの如く、1953年まで生産協同組合作りは続けられた。この運動は1951年がピークであった。しかし、これはユーゴの実情に合わなかったので、1953年には解散された（Stipetic, 1975, pp. 114-115）。

　1945年の法律により25haないし35haとしていた土地所有の上限は、1953年の公的農地プール法により、さらに引き下げられ10haとされた（Stipetic, 1975, p. 52）。このように、社

第2章　自主管理社会主義の出現　41

会主義時代、10haという限度はあったものの、農民は土地所有が認められていた。1973年には私的経営が可耕地の85％を保有していた(ibid, p. 130)。社会主義経営の数は1,172であった、規模はさまざまであった。

　私的経営はその規模が小さく、装備も不十分であった。農家に住みながら、農業外で恒常的に働く人が1人以上いる農家の数は1931年には9％であったが、1969年には48％へと増加した(Ibid, p. 133)。農業の担い手は高齢化しつつあった。1966年以降、小経営は農業支出総額のうち比較的わずかしか投資しなかった。これは長期投資への関心の欠如を示していると、スティペティッチは語る（ibid, p. 141)。農村過剰人口はセルビアで最大であり、そこでは1961年には活動的な労働力の26.7％が過剰農業労働力であった。次に高かったのはコソボで25.1％。ちなみに、最も低かったのはモンテネグロで1.6％、次いでスロヴェニアで8.6％であった（ibid, p. 37)。

　工業が最も発達していたのはスロヴェニアで。総合電機器具メーカーであるイスクラ、家電メーカーのゴレニエ、その他が存在した。クロアチアの工業もかなり発展していた。ザグレブには家電メーカーのラデ・コンチャールなどがあり、アドリア海に面するダルマチア地方では造船業が盛んであった。セルビアではスメデレヴォの製鉄所、クラグエヴァツの自動車メーカー・ツルヴェナ・ザースタヴァ（「赤い旗」)、ノヴィ・ベオグラードの農業機械製造企業（IMT）などが有名であった。

　南の低開発地域を援助する機関として「低開発地域開発促進基金」（FAD）が連邦レベルに置かれていた。各共和国・自

表4　旧ユーゴスラヴィアの共和国・自治州における農業の重要度

共和国・自治州	農業人口（全人口に占める%）			農業からの所得（全体に占める%）		
	1953	1961	1971	1953	1961	1971
ボスニア	62.2	52.0	40.0	28	23	15
クロアチア	56.4	47.2	32.2	28	20	14
マケドニア	62.7	50.9	39.9	40	28	22
モンテネグロ	61.5	48.1	35.0	39	25	13
セルビア	66.7	55.7	44.0	43	28	24
セルビア・プロパー	67.2	54.8	44.1	38	22	19
コソボ	72.4	64.0	51.5	44	34	28
ヴォイヴォディナ	62.9	53.6	39.0	49	43	33
スロヴェニア	41.1	31.6	20.4	12	12	7
ユーゴスラヴィア	60.9	50.5	38.2	31	23	17

出所：Stipetic (1975), p. 14.

治州は分担金として社会的生産物（GNPに相当）の一定の割合（1960年代後半は1.85%、その後は1.97%）をこの基金にプールし、ここから長期にわたって低利で低開発地域に貸し付けられた。低開発地域の指定を受けていたのはボスニア・ヘルツェゴヴィナ共和国、マケドニア共和国、モンテネグロ共和国、コソボ自治州であった。このようなFADを通じた北の先進地域（スロヴェニア、クロアチア、ヴォイヴォディナ自治州）の援助にもかかわらず、経済格差は拡大する一方であった。最も先進的なスロヴェニアとコソボを比較すると、1人当たりの社会的生産物（GNPに近い概念）は1947年においては1対3.2であったのが、1978年には1対6.9になり（Ramet 1984, p. 183）、1989年には1：8へと拡大し（Uvalic 2018, p. 24）、その格差は狭まるどころか、むしろ拡大する一方であった。

〈注〉

(1)　ボンベルズは次のように説明する。「どこの小都市、地方、共和国においても政治的役員は潜在的市場、原料供給、労働力確保やその他の考慮にかかわりなく、できるだけ多くの自分たち自身の工場を持ちたがった。地方政治家にステイタスを与えるだけでなく、新しい工場や工業はあらゆる問題の治療薬および繁栄への魔法の鍵とみなされていた」(Bombelles 1868, pp. 153-154)。「すべての重要な投資プロジェクトはどうにかしてでも6つに、つまり、おのおのの共和国に1つに増やされた(Horvat 1976, p. 222)。こうして、いわゆる「政治的工場」が次々と建設されていったが、よく引きあいに出される例はモンテネグロ共和国のニクシッチにある製鉄工場である。この町は海抜500メートルを超える地にあり、炭田からも鉄鉱石の鉱山からも遠く隔たっており、舗装道路はなく、鉄道はわずかにサラエボとの間に狭軌の鉄道とつながっているだけであった。

(2)　一時、チトーは党の死滅に言及したことさえあった。1952年12月に西欧の社会主義者と討論したとき質問に応えて、「もし国家が本当に死滅するならば、党は必ずそれと一緒になって死滅する」。デディエ『チトーは語る』、384頁。なお、この書物は英語で書かれており、著者名Dedierはユーゴのどの言語でもデデイエルと発音されるはずだが、日本語訳の訳者高橋正雄氏はなぜかフランス語式の読み方デディエと記している。

(3)　ジラス事件の記述は次の文献による。Hoffmann & Neal (1963), pp. 174-196.

(4) 非農家（25ha ないし 35ha を超える土地を所有し、雇われ労働者に耕作させていた）、ならびに銀行、企業、証券会社、教会、修道院、宗教機関・財団から、許容される上限の 10ha を超える土地は接収された。農民からは 25ha ないし 35ha を超える土地は有償で接収された。Stipetic (1975), p. 51.

(5) 社会主義時代のユーゴスラヴィアの農業の実態について詳しくは、暉峻・山中（1990）を参照されたい。

(6) 1900 年には農業経営の数は約 138 万で、農地の総面積は 1100 万 ha で、1 経営体当たりの土地所有の平均規模は 8.0ha であった。1969 年には農業経営（社会有経営と私的経営の両方）の数は 260.2 万へと増加し、農地の総面積は 1217.1ha で、1 経営体当たり 4.6ha であったが、そのうち社会有経営（約 2000）がかなりの農地（208.1ha）を保有していた。私的経営は約 260 万で、208.1ha の農地を保有していたので、1 経営体当たりの土地保有は 3.9ha にすぎなかった。これは 1900 年当時と比べると、半分以下へと低下したことになる。スティペティッチは、農業的に発達した国々では、農業経営体の数が減少すると同時に 1 経営体の土地保有の規模が拡大する傾向が見られたのに対して、ユーゴでは逆に、私的経営の数が増加し、平均的な規模が縮小したと指摘している（pp.54-55）。

50ha 未満の経営体が 707 も存在したのに対して、5000ha を超える経営体が 101 も存在した。農業従事者を見ると、382 万人が農業に従事していたが、そのうち社会主義セクターで働いていたのはわずか 20.1 万人で、全体の 5％強にすぎなかった（Stipetic, 1975, pp. 122-

123)。

第3章　市場社会主義

1　1960年代の改革

　国家からの指令や資源配分が減らされ、やがてそれらがなくなるとすれば、企業は市場での価格の変動や需要の動向を見ながら、自分の判断で原材料を仕入れ、生産物を生産し、それを市場で販売しなければならなくなる。つまり、企業は市場メカニズムに従いながら、経営されなければならない。それが市場社会主義である。
　ブランコ・ホルヴァート(1)によると、1960年までに、第2次5ヵ年計画は成功裏に完了した。1961年に3つのラジカルな改革が実施された。①これまで事実上閉ざされていた経済は世界経済に開放する。これを実現するために、複数為替レート制は関税によって置き換えられ、通貨ディナールは切り下げられ、貿易はある程度自由化された。そして、GATTの準加盟国になった。②金融・銀行の分野での発展が全般的な制度的変化に立ち遅れていたので、金融システム全体のオーバーホールがなされた。③労働組合が自主管理企業において賃金レベルや賃金格差を監督するのは不適当だと思われるので、このコントロールは中止された。これら3つの改革は準備不十分なまま実施しされたので、市場経済は乱暴に反応した、とホルヴァートは言う。エコノミストたちの大半は、いっそうの分権化と自主管理的自治の完成が必要であること

では一致していた（Horvat 1976, pp. 21-24）。

2　市場社会主義への前進

　1960年代前半、集権化論者と分権化論者の対立が見られた。ライダール（Lydall 1984）によると、「心の中では昔ながらの集権化論者」であったチトーは、いっそうの分権化や脱国家化を目指すすべての提案を不安をもって見ていた。1962年5月のスプリットでの「著しく反リベラル的な演説」の中で「単一の社会主義ユーゴスラヴィアの文化」の必要性に言及した。この発言は「深刻な戦術的失敗」であったという。「ユーゴスラヴィア主義」は、戦前のセルビア王国時代にアレクサンダル国王によって唱えられたことがあり、これへの言及は、大セルビア主義の下で苦しんだマケドニア人、コソボのアルバニア人、ボスニアのムスリムの恐怖をかきたてた。その結果、低開発地域出身の党指導者たちは集権派陣営よりもリベラル派陣営の方に共感を持つようになった（Lydall 1984, p. 80）。

　1964年に改革を求める動きは勢いを強めた。4月の労働組合総同盟第5回大会は、企業がより大きな所得を保持し、投資政策に対して企業がより大きなコントロールを持つことを支持した。この大会ではチトーは曖昧ではあるが、リベラル派に近づいた。12月の第8回党大会では、理論家のカルデリは改革へのイデオロギーを正当化する長い議論を展開した。集権化論者の強い抵抗にもかかわらず、最終的には改革案は満場一致で承認された。とはいえ、セルビアの党指導部

の一部と政府は受け身の抵抗の態度をとったという。投資引き締めの方針には同調せず、1965年度の固定資本投資を増やした。この受け身の抵抗の中心には副大統領で治安機関のトップでもあったアレクサンダール・ランコヴィチ(2)がいた。

　ライダールによると、1965年改革は5つの主要構成要素を持っていた。①税率の引き下げ。取引税は今後、最終的売り上げにのみ比較的低い税率で課せられる。②投資配分における国家の役割は今後、主に、新設される低開発地域発展基金に対するコントロールに限定される。③生産物価格を調整し、国内価格を世界価格に近づける。④ディナールの対ドルレートを切り下げ、関税、輸出補助金、数量制限の範囲は縮小され、GATTの正式加盟国になる。⑤私的経営の農民にはトラクターを含む農業機械を購入する権利、およびこの目的のための銀行融資を得る機会が与えられる（Lydall 1984, pp. 81-82）。

　1965年経済改革が実施された。これは社会主義経済の枠内での市場メカニズムの利用を目指すものであった。これにより、潜在的な過剰労働力は失業として顕在化した。スタンコヴィチ（Stankovic 2011, p. 7）は次のように述べている。「関税障壁を除去された『国内経済の開放』および国内市場での情け容赦ない闘いは多くの社会主義企業が、当時潜在的であった過剰労働力を解き放つよう強いた」。政府は、西側諸国への出稼ぎを国民に許容した。「ガストアルバイター」の旅に赴いたのは労働者だけではなかった。数十年間、「農村およびその住民の農業生産はたんに原料基地と労働力の人工的貯水池に過ぎなかった」。「都市で仕事を見つけることがで

きなかった」ので、「多数の若い農村住民はとどまる代わりに、外国へ行くことを決めた」(ibid, pp. 7-8)。65-70年に、出稼ぎはユーゴの労働力供給の増加分の約60%を吸収した。出稼ぎ労働者の数は1966年には27万5000人であったが、73年までに100万人以上へと急激に増加した (Tyson 1980, p. 52)。

　この改革は、市場経済の役割を手放しで評価していたので、ホルヴァートは「1965年のレッセフェール改革」(Horvat 1976, p. 27) と呼んでいた。外国ではユーゴにおける市場社会主義への動きに関心が高まった。ホルヴァートによると、インフレは続いていた。金融政策が実践的に唯一利用可能な経済政策であるように見えたので、物価を安定させるために金融引き締めがなされた。それは効果があったが、同時に失業と停滞を伴うデフレを生んだ。工業産出高の成長率は1965年から67年半ばにかけて12%から-1%へと低下したが、マイナスの成長率は1952年以来初めてのことであった。その後また経済は成長した。社会主義経済には存在しないと言われてきた景気循環の存在が発見されたことになる。経済学者のいくつかの集会が開催され、論争がなされた。連邦政府の経済的機能も議論の対象となったが、経済学者の間では市場に対する集権的なコントロールは最低限へと縮小され、何とかして廃止されるべきだという一点だけでは同意があったという (Horvat 1976, pp. 27-28)。

3　経済改革と企業内の影響力の変化

　1960年代半ばになされた国家の投資権限の銀行への大幅

委譲は国家の経済官僚層の権力基盤を掘りくずし、投資効率を高めながらも、企業組織に対する絶対的優位をもたらした（笠原 1983,149 頁）。企業内部でも変化が生じた。社会学者たちは経済改革が自主管理企業内部に与えた影響を調査した。笠原清志（1983）によると、市場メカニズムの大幅導入、価格規制の緩和は企業間競争を激化させたし、企業を取り巻く不確実性を高め、市場調査、市場開発、そして意思決定といった経営諸機能の重要性を高めた。自主管理企業の経営機能と呼ばれるものが２つに、つまり意思形成・決定システムと管理・実行システムに分離された。ユーゴの自主管理制度においては、フォーマルな権限の流れは法的・制度的には「下から上へ」と流れていたが、新たな環境において、意思決定の比重が労働者集団から経営テクノクラート層に移行した。有能な企業長はフォーマルな自主管理意思決定プロセスとは別に現実的なサブシステムを発展させ、労働者評議会議長や労組幹部との協力を得て機能させるか、または強力なリーダーシップを確立して企業の組織構造をヒエラルヒー化させることによって意思決定プロセスを短縮し、対立やリスクを組織的に吸収することによって経営に成功したという。しかし、制度的な制約に縛られて、意思決定や企業内の部所間の調整に手間どり、企業活動に失敗した事例もあった。ユーゴの多くの社会学者は主に 1966 年から 69 年にかけて直接参与法という調査手法を用いて企業を調査した。彼らは、いくつかの企業における意思決定プロセスにおける影響力の度合いを問題として、意思決定におけるテーマを 15 のカテゴリーに分類し、それぞれのカテゴリーにおいて社会集団の特性（学歴

や職種の違い、共産主義者同盟の党員か非党員かの違い、など）と「議論の頻度」や「議論の長さ」等の項目とをクロスさせ、定量的な結果を得た。笠原は、これらのユーゴの社会学者が発表した企業調査やアメリカの経営コンサルタントの企業調査の結果を整理して書物を刊行したのである。

　笠原（1983）は、経済改革以降、職長、監督、高熟練労働者、および半、未熟練労働者の影響力低下に反比例するかの如く、企業長や中間管理者層の影響力の上昇が確認されたと言う。彼は集権的経済システムからの離脱プロセスを企業の自律性の発展に焦点をおくか、それとも労働者階級の平和、連帯、そして意思決定への参加に焦点をおくかといった際に問題が生じると言う。前者に焦点をおけば、市場メカニズムの導入や経営テクノクラート層の台頭といったプロセスは不可避であるし、後者に焦点をおけば、自主管理の徹底化として、作業単位（これは後に「連合労働基礎組織」（OOUR）と呼ばれるものであった）への権利委譲とそれに対応した理念的かつ法・政治的対応が必要とされる。そして彼自身は自主管理の徹底化を重視し、「連合労働基礎組織」概念を初めて導入した1971年の憲法修正条項21〜23条を高く評価する。こういう彼の判断は、タイミングが早すぎたと思われる。

4　各共和国での民族主義の高まり

　ランコヴィチが1966年7月に失脚した後[3]、セルビアの指導部の集権派はリベラル派にとって代られた。こうして、改革の前進への抵抗はなくなった。党内では　リベラル派が優

勢になった。同時に、各共和国の分権化の動きが強まった。「連邦化」のプロセスが党でも進行し、ユーゴは1つの党の国家から8つ（6 + 2）の党の国になった。1969年3月に開催された第9回党大会には以前に合意されていたように、共和国の党大会が連邦レベルの党大会開催に先行するようになった。これにより、「共和国・自治州の党大会はもはや中央で決定される党の政策のゴム・スタンプではない」とライダールは言う（Lydall 1984, p. 86）。

クロアチア

経済改革の結果、ベオグラードに本拠を置く銀行や商社の経済力が非常に高まった。外貨を最も多く稼ぐのはクロアチア（とりわけ、観光業）であった。稼いだ外貨はいったん銀行に預け、大部分はディナールでもらい、一部のみ外貨でもらっていた。管理する銀行の多く（ユーゴ貿易銀行、ほか）はベオグラードにあった。ベオグラードは連邦の首都であると同時に、セルビア共和国の首都でもあった。クロアチアの人々は戦前、戦後を通じてザグレブがユーゴの金融の中心であったのに、経済改革の結果、気がついて見たらベオグラードにその地位を奪われた、と受けとめた。こうして、共和国の権限強化を目指す闘いが始まった。

クロアチア共産主義者同盟の指導部は1960年代後半、2つの戦線、すなわち、第1に、クロアチア民族主義に対する闘争、第2にベオグラードにおける官僚主義的中央集権制の遺物に対する闘争を続けていた。1970年1月のクロアチア共産主義者同盟第10回総会では、「ウニタリズム」（単一国

家主義)がクロアチアの民族的利益の最大の脅威であり、これと全力をあげて戦うことが確認された。クロアチア民族主義は危険だが、より小さな脅威だとされた。このような雰囲気は、マーティツァ・フルヴァーツカ(クロアチア文化協会)に活躍の場を提供した。もともとこの団体はオーストリア＝ハンガリー帝国時代にクロアチア人の間で南スラヴ民族としての民族意識を覚醒することに貢献した文化団体であった。1970年11月の年次総会で新たなプログラムを採択し、会員募集運動を開始した。翌年の3月に政治問題を取り上げる新しい週刊誌の第1号が発行され、数週間のうちに購読者数は10万人以上に達した(Rusinow 1977, pp. 289-291)。

当時のクロアチア共産主義者同盟(LCC)の指導部は、ベオグラードに対して交渉力を強めるためにこの団体の活動を許容した。しかし、この団体の組織と影響力が拡大し、ついにはLCCのコントロールを越えるようになり、1971年秋には国連へのクロアチアの単独加盟など過激な要求を掲げるようになった。3年前の1968年にチェコスロヴァキアへのソ連の軍事介入があったばかりで、このタイミングでの国連への単独加盟という要求は現実的ではなかった。また、ザグレブ大学での学生の動きも活発化した。ここに至り、チトーが介入し、「クロアチアの春」は鎮圧され、LCCの指導部、とりわけ「3人組」(サフカ・ダプチェヴィチ＝クチャール、ミカ・トリパロ、ペロ・ピルケル)は辞任を余儀なくされた。代わって、クロアチアに住むセルビア人のドラゴサーヴァツが党のトップについた(ibid, pp. 308-309)。

スロヴェニア

 改革を主導したのはスタネ・カフチッチ(1919-1987)であった[4]。彼はスロヴェニア共産主義者同盟のイデオロギー担当の書記を経て、1967年に共和国政府の首相に就任した。しかし、その2年後の1969年に「道路問題」が起きた。スロヴェニアは西欧との貿易を促進し、西欧の観光客をスロヴェニアに誘致し、さらに南のクロアチア共和国のダルマチア海岸に行く交通網を改善するために道路ネットワークの大幅な改善を計画した。これによってスロヴェニアでは、首都リュブリアナとイタリア、オーストリア両国との国境の間に高速道路が開通するはずであった。その資金を世界銀行の融資に頼ることにした。各共和国も同様の申請をし、連邦政府がとりまとめ、世銀と交渉した。世銀はユーゴに総額3400万ドルの融資を行うことを決めた。ところが、連邦政府が、南部のマケドニアやセルビアなどの低開発地域における道路プロジェクトを優先したことが1969年9月に判明したので、スロヴェニア国民は「連邦の権力乱用と侮辱」だと反発した。スロヴェニア政府も抗議のため大規模な大衆集会を組織した。それに対してチトーだけでなく、スロヴェニア出身のユーゴ共産主義者同盟の幹部エドヴァルド・カルデリも介入し、スロヴェニア政府を民族主義と告発した(ibid,p.260:Repe and Princic 2009,Shahin 2024.)。

 1969年、ユーゴ共産主義者同盟の幹部会執行局メンバー選出のため、チトーはカルデリのほかにスロヴェニア政府首相のスタネ・カフチッチも推薦した。チトーはパルチザン時

代からカフチッチを知り、高く評価していたのでベオグラードへ引き上げようと考えたのである。しかし、カフチッチは自分の政治的基盤であるスロヴェニアを失いたくないと考え、2時間も話し合ったにもかかわらず、チトーの推薦を断った。チトーは立腹し、代わりに無名のスタネ・ドランツを幹部会員にした（ibid, p. 260）。

　その後、1971年から72年にかけての冬、スロヴェニアの共産主義者同盟の雑誌のコラムでカフチッチとカルデリは民間投資に関して意見を交わした。カフチッチは当時としては非常に進んだ考えをもっていた。当時のユーゴでは、たくさん稼いだ人は銀行に預金するか高価な耐久消費財を購入するか、それともフィジーのようなところで豪華な休暇を過ごすといった選択肢しかなかった。しかし、彼のアイデアによれば、それよりも人々が「ある種の株式」に投資できるようにすれば、企業はその資金を有効に利用して設備投資ができるし、企業の収益性によっては投資した人々は追加的な利益を得ることができるはずだった。この意見に対して、正統派の学者から「社会主義的不労所得生活者」階級を生み出すという批判が出された。カフチッチは「テクノクラート主義」「アナルコ自由主義」という非難を受け、1972年に辞任を余儀なくされた（ibid, p. 321）。彼が首相在任時のスロヴェニアでは、経済の最も近代的な部門、つまりエレクトロニクス、銀行・金融、およびサービス部門の発展が奨励され、投資も行われた。彼および彼の支持者が推進した経済政策は、その後、実を結ぶことになる。

セルビア

「クロアチア人に対する差別はないことを示すために、自由主義に対する攻撃はセルビアにも広げられた」(Lydall 1984, p. 90)。チトーはリベラル派が率いるセルビアの党指導部を批判したが、彼らを更迭するのに手間どった。1972年10月9日から4日間、彼はセルビア指導部と会談した。チトーは自分を支持してくれると期待して、下級の共和国やベオグラード市の党役員を出席させた。大多数はチトーに反対して、自分たちの指導者（セルビア共産主義者同盟議長のマルコ・ニケジッチと書記長のラティンカ・ペロヴィチ）の支持を表明した。下部の党員たちがチトーに逆らったのはユーゴの戦後の歴史において前例のないことであり、チトーはショックを受けた。会談は16日に再開された。チトーはSKJの議長であり、1937年以来の党員だという自分自身の権威を利用して、押し切るしかなかった。彼は事実上、「治安維持法発令」(issue public orders) に言及し、自分が何を期待していたかを明確に伝えた。10月21日のセルビア党中央委員会で2人の指導者は辞任した（Russinow 1977, pp. 323-324)。

この後、マケドニア、ヴォイヴォディナの「自由主義的」指導者の辞任が続いた。なお、アメリカのユーゴ研究者ポール・シャウプはこの出来事に関連してスロヴェニアの政治的失敗について次のように指摘している。「1960年代においては指導部はニケジッチのもとのセルビアではスロヴェニアおけるよりも民主的であった。1972年にニケジッチがチトーによって攻撃されたときスロヴェニアがニケジッチ支援に動

けなかったことはスロヴェニア人たちの根本的な誤りであった」(Shoup 1992, p. 64)。

5　分権化

　共和国の検事の任命権は連邦政府の検事総長（ベオグラードにいる）から共和国議会へ移管された。連邦政府の徴税権の縮小の例で見られるように、連邦の権限の縮小と共和国への移管の動きが進んだ。1970年4月、党幹部会は、「共和国と自治州の『主権』を承認する決議を承認した」(Rusinow 1977, pp. 226-227)。これにより、連邦の権限は、外務、国防、および統一国内市場と民族・少数民族の間の平等を維持する責任に限定されることになった (Lydall 1984, p. 87)。連邦政府は教育、科学・文化、公益事業、インフラ投資の分野では大きな役割を果たさなくなった。では、どうやって連邦国家をまとめるのだろうか。それをするのは、「すべてを束ねる環」(ibid, p. 308)としての ユーゴ共産主義者同盟であった。

　連邦と共和国の関係は大きく変わり、1963年憲法との食い違いが多くなった。党幹部会の決定を盛り込む憲法修正条項が必要になった。ラシノウによると、「憲法委員会と小委員会は、世評や選挙区からの日々との圧力から隔離するために1971年初めの1カ月間、ブリオニ島(5)に隔離された後、ついに19カ条の修正草案を生み出した」(ibid, p. 283)。

　1969年の憲法修正により、共和国に大きな権限が与えられ、ユーゴはFederation（連邦）からConfederation（国家連合）的性格をもつ連邦国家へ転化した。この憲法修正のうち3つ

の条項（第 21 条〜 23 条）は「労働者の修正」として知られるようになった。この中に初めて「連合労働基礎組織」なる概念が登場したが、当時はほとんど理解されなかった（ibid p. 284）。それが実際に現実化するのは 1974 年憲法体制の下であった。

　〈注〉
⑴　ブランコ・ホルヴァート(1928-2003)はパルチザンとして解放戦争に参加した。ザグレブ大学経済学部卒業後、イギリスのマンチェスター大学で博士号取得。マルクス経済学だけでなく、近代経済学と計量経済学的分析手法を身につけたクロアチアを代表する経済学者で、1983 年にはノーベル経済学賞の候補になる。長年、ベオグラードにある経済研究所（その前身は連邦計画局）の所長を務めた。ユーゴ連邦解体後、クロアチアで社会民主同盟を設立し、党首となった。
⑵　現地の社会学者による企業調査は主に 1966 〜 69 年、遅いものでも 1971 〜 74 年に実施されたものであり、1970 年代半ばに本格的に実施された企業再編成（別名オオウリザーツィア OOURizacija）の実態を反映していない。笠原氏の著書の刊行は少し早すぎたか、あるいは企業再編成後の実情を踏まえた別の著書を執筆すべきであったように思われる。
⑶　ライダールによると、党において上級・中級の役職者の任命・解任は表面的には選挙で行われたが、実際には 20 年間、党の組織担当の書記を務めたランコヴィチの特権であった。警察機構を直接コントロールしていた連邦政府の内務大臣はランコヴィチの最も親密な協力者であ

った。ランコヴィチが1966年ソ連への2週間の旅に出かけた機会に反対派は動き出した。党の上級職員やチトー自身の邸宅で内務省の盗聴器が仕掛けられていたことが発見され、ランコヴィチは失脚した（p. 85）。

(4) カフチッチはスロヴェニアの貧しい母子家庭に育ち、リュブリアナのギムナジウムで学んだが、1935年秋に退学し、就職した。労働組合の熱心な活動家になる。1941年7月、スロヴェニア共産党に入党し、42年にパルチザン活動に参加した。45年12月、スロヴェニア共産党中央委員会組織担当書記になり、経済問題にも取り組む。1950年2月から51年4月、スロヴェニア共和国工業担当大臣。彼は正規の大学教育を受けなかったが、実践的に経済に関する知識を身につけた。スロヴェニア出身の政治家ボリス・キドリッチ（連邦政府の初代の経済担当大臣）やボリス・クライゲルを尊敬していた。スロヴェニア共産主義者同盟のイデオロギー担当書記を務め、社会主義と市場の共存、意思決定の分権化を模索する道を考えた。スロヴェニアで伝統的に盛んであった繊維産業ではなく、観光業、交通、電気工業を重視した。1960年代初め、経済改革を熱心に支持した。1967-72年、スロヴェニア共和国首相を務めた。「道路」問題とカフチッチについては次の3つの文献を参照した。Rusinow (1977)、Repe and Princic (2009), Shahin (2024).

(5) アドリア海にある島で、チトーの別荘があることでも知られる。ここでたびたび党の重要な小規模の会議が開催された。

第4章　1974年憲法体制

1　テクノクラート批判

　1971年末、チトーと党指導部の多数派は改革の結果には大いに不満であった。最初の3年間、改革により急速なインフレ、深刻な景気後退、失業の高まりが見られた。1968年以降、経済はその歩みを取り戻したが、失業者の数は増加し続け、もし大規模な西欧への出稼ぎがなければ、もっとひどかったことであろう。それでも、ユーゴには優秀な経済学者がいたので、この時点で試行錯誤を重ねながら社会主義的市場経済の発展の方向に進むことが可能であったかもしれない。もう少し実践的に試してみる価値があったように思われる。

　しかし、路線の転換がなされた。チトーは、1965年改革以来の共和国の権限強化の流れは止めることができなかったので、彼は緩んだタガを引き締めるかのごとく、共産主義者同盟の再集権化（党内の民主集中制の強化など）の方向に動いた。チトーは外国の侵略やソ連による圧迫に対して断固として戦い、国を守り抜いた指導者ではあるが、彼の社会主義観はかなり古風でボリシェヴィキ的（つまりレーニン的）であった。チトーら正統派の指導者たちは、1968年8月のワルシャワ条約機構加盟国のチェコスロヴァキアへの軍事介入に脅威を感じ、自国では全人民防衛体制を構築した。同時に、彼ら

はチェコスロヴァキアにおける急速な自由化には警戒心を抱いたようである。

　ライダールは次のよう説明する。党の新たな方針に重みを与えるためにさらに何かが必要であり、党はいかにしてこの対立に「階級闘争」の風味（flavor）を与えるかを考えた。大学における左翼の知識人たちがターゲットであったが、十分に説得的ではないので、党は経営者たちと技術者たち、つまり、「テクノクラート」を攻撃することに決めた。産業における経営者や技術者の役割が高まるのは経済改革の当然で不可避的な結果である。効率的な決定を行うためには、より素早く行動する必要があった。だから、比較的成功した企業では経営者たちに独立した意思決定の余地が大きいという傾向があった。多くの労働者評議会は難しいビジネス上の問題は経営者やそのスタッフに任せ、自分たちは、昇格、休日、アパートのフラットのような比較的小さな事柄――個々の労働者にしてみれば重要なことなのだが――を議論するのに集中していた。また、銀行政策は主として政治家たちによってコントロールされていたのに、銀行は「疎外された権力の中心」と呼ばれることになった、というのである。こうして、「短期間花が咲いた自由市場社会主義」は突然終わった（Lydall 1984, pp.88-90）。市場社会主義を支持したスロヴェニアの経済学者ヨージェ・メンツィンガー[1]は、1974年憲法体制を「反改革」と呼んだ（Mencinger 1987, p. 107）。

　全党員にあててチトーの「手紙」（1972年9月18日付）が出され、そのなかで彼は党の民主主義的中央集権制を重視していた。この考えが、次の1974年憲法体制の根底に流れる

思想であった。チトーとSKJ幹部会執行局書記スタネ・ドランツが連署したこの「手紙」は、リューボ・シルツのまとめによれば、党における中央の権威の強化、共和国や地方に対する中央の関係における民主主義的中央集権制の再確認、そして公共業務や国家管理の地位につく者、とくに経済、教育、情報、行政、司法、治安の分野での管理の地位につく者に必要な資質としての「道徳的・政治的適格性」を要求していた（Sirc 1979, p. 230）。さらに、この手紙は、労働に基づかない社会的差異や、社会を貧乏人と金持ちに分裂させる結果に導く諸現象を断固として根絶しなければならないと強調していた。このように、チトーは抜本的改革を決意し、1974年憲法、1976年の連合労働法（経済憲法）の制定に至るのであった。

2 自主管理企業の再編成

党がその権力への真の脅威に直面しており、ラジカルな改革が必要だと感じた若干の人々——いつも新憲法の起草者を務めるカルデリを含む——がいたに違いないとライダールは見ていた。彼によると、とにかく、党はユーゴ社会を上から下まで完全に再編成する仕事に本腰を入れたのである。その結果が、1974年憲法、1976年連合労働法（経済に関する憲法とも呼ばれた）およびその他の法律であった。少なくとも理論上、経済的・政治的行動のほとんどすべてのルールが変更された。それゆえ、新たなボキャブラリーが作り出されたが、それはほんの少数のユーゴ人が適切に理解できただけ

で、大部分の人々は新たに学ばなければならなかったという(Lydall 1984, p. 90)。なかでも、重要なのは「連合労働」で、これはまったく聞きなれない言葉であったが、1974年憲法体制の下で頻繁に使われた。たとえば、「連合労働の要請に応える」という表現は現実には、「経済の要請に応える」と理解して間違いない。だが、「連合労働」という言葉には非常に高邁な理念が込められていた。マルクスは「共同の生産手段で労働し、自分たちの個々の労働を自分たちで意識して一つの社会的な労働力として支出するところの自由な人間たちの連合」(『資本論』第1巻)として社会主義社会を構想したが、「連合労働」は、このような「自由な生産者が連合させた労働をさす基本的な概念[3]」であった。

　カルデリはその著書の中で、自主管理的利益の複数主義に基づく政治システムが存在するユーゴでは複数政党制は不要だと述べていた(ibid 1979, p. 233)。スロヴェニア出身のカルデリは、ランコヴィチの失脚の後はチトーに次ぐナンバー・2の政治家であった。彼自身は経済分野で働いた経験はなく、哲学的・思弁的な文章を書く党の代表的イデオローグであり、自主管理の制度改革のたびに制度をデザインしてきた[4]。

　カルデリのアイデアの具体化に多くの学者が協力した。1974年憲法体制の確立に理論的に貢献したミラディン・コーラッチ(当時、ベオグラード大学経済学部教授)はテクノクラート支配を次のように説明する。資本主義社会において株式会社制度が発展して所有と経営の分離が進むと、生産の組織、技術開発、財務などに従事する多くの技師・技手、経済専門家などの従業員、すなわちテクノクラートが企業で働くよう

になる。「これらの会社での意思決定において決定的役割をもつのはテクノクラートであるから、事実上、彼らは資本主義諸国におけるビッグ・ビジネスの支配階級としてのテクノクラシーであると言ってもさしつかえない」(Korac 1984, p.3)。コーラッチによれば、官僚制やテクノクラート支配はすべての社会主義諸国でも同様に存在する。ユーゴでも、第二次世界大戦後しばらく、生産手段の国有と経済の集権的管理に基づくソ連型社会主義を建設しようと努めた時期があった（「革命的国権主義の時期」）。この時期、国家や党の官僚がユーゴ社会における非常に重要な支配階級であった。だが、実践は、官僚制のたえざる肥大化、そして国家や党が労働者階級の名において、また労働者階級の利益のために意思決定するときに生じる社会の官僚主義化の危険性を明らかにした。1950年の労働者自主管理の導入により生産諸関係の根本的変革のプロセスが開始された。その目標は労働者の名においての国家管理を労働者階級自身による管理と意思決定で置き換えることであった。これ以降、経済管理の分権化が進み、とくに1965年経済改革により企業の自立性が強まった。ところが、企業の自立性が強まるにつれて、テクノクラートの数が増大し、生産の組織、計画化、技術開発、財務、仕入れ、マーケティング、分配に関する意思決定におけるテクノクラートの役割も強まっていった。このことは、支配階層としての官僚制がテクノクラシーにとってかわられただけで、労働者階級の社会的地位には何の変化も起きないということを意味した（ibid p.3）。「より多くの労働者、とりわけ、ブルーカラー労働者が管理および自分たちの労働の条件と成果に関する意

思決定に参加する可能性をもつために企業を再編成すること が必要になった」(Korac 1984, p. 7)。

 長年、商社マンとして旧ユーゴに滞在したことのある德永 彰作(当時、札幌大学教授)は1973年から76年にかけて「経 済文化革命」が行われたと述べている[(5)]。このように、党のイ デオローグや学者がテクノクラートを強く批判し、できるだ け小さな単位で労働者が管理に参加すればうまくいくという 主張は、いま考えると、非現実的であった。私は、オーケス トラの指揮者が音楽の演奏において重要な役割をはたしてい るように、企業の運営においてディレクターや専門スタッフ の役割はやはり重要だと思う。

 ともかく、企業のテクノクラート支配を排除し、比較的少 人数の労働者のレベルでの直接民主主義的な意思決定を実 現するために企業内部のより小さな作業単位(連合労働基礎 組織[(6)] Osnovna Organizacija Udruzenog Rada; 略称はOOUR)を 自主管理の基本的な単位として企業が1970年代半ばに再編 成された。具体的には、企業(労働組織 Radna Orgnizacija; 略称はRO)内部の工場や営業所、あるいは大きな工場にお いてはその内部の職場などに相当するもので、「一緒に働く 同僚と個人的コンタクトができ、直接的なコミュニケーショ ンができる」(Mates 1983, str. 69) 程度のまとまりと考えら れていた。労働者評議会はこのOOURごとに設けられるこ とになる。

 1974年憲法体制はテクノクラート支配の否定と経済的民 主主義の徹底を目指して、それまで以上に分権化をはかり、 企業(「労働組織」RO)の内部のより小さな単位である「連

図1 連合労働基礎組織（OOUR）

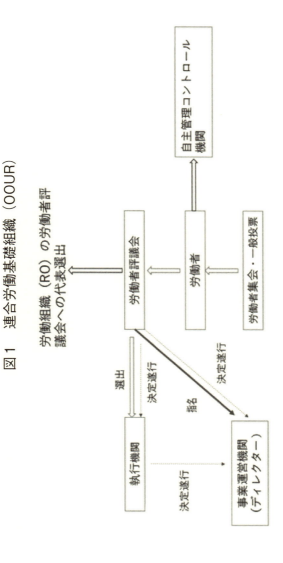

出所：『世界政治資料』1978年8月下旬号、63頁

合労働基礎組織」に大幅に権限を委譲した。そこでの直接生産者による自主管理の実現およびそれに基づく下からの統合が意図された。企業概念は徹底的に批判され、これに代わって、連合労働組織（OOUR、RO、およびSOURの総称）が用いられた(7)。このようなOOURの導入は技術的な要請の結果としてよりもむしろイデオロギー的要請の結果として考える方が自然である(8)。

　連合労働基礎組織（OOUR）は1974年憲法では次のように定義された。「労働者が自己の社会・経済的権利ならびにその他の自主管理的権利を直接かつ平等に実現し、自己の社会・経済的地位にかかわるその他の諸問題について決定する連合労働の基本的形態である」（第14条第2項）。

　OOURはそれ自身が単独で存在することはありえない。OOURは労働組織（RO）の中にあって、その一部をなす。ROは通常の意味での企業に相当するが、企業だけでなく、学校、病院、劇場などの公共施設もROと呼ばれた。

　1974年憲法第36条も連合労働法第320条も、次の要件（基準）が満たされる場合、労働者は労働組織の一部を基礎組織（OOUR）として形成することができるし、また形成しなければならない、と規定していた。

　（1）その部分が労働のうえで一つのまとまりをなしている。

　（2）基礎組織として形成されるその労働上のまとまりにおける労働者の共同した労働の成果を、労働組織の内部または市場で、価値として独自に表示できる。

　（3）労働者の基礎的な自主管理共同体として、労働者がこの労働上のまとまりにおいて自己の社会的、経済的権利、そ

の他の自主管理権を行使できる。

　見られるように、OOUR は上記のような質的な諸要素によって規定されており、生産手段の額や労働者数、といった量的な諸要素によっては規定されていない。OOUR は「所得上の自治」を持っていた。市場で実現された（つまり、売れた）労働の成果、すなわち所得は必ずそれを作り出した OOUR に帰属するものとされた。所得はすべて OOUR ごとに市場価格または内部価格にもとづいて計算された。そのうえで個人所得と蓄積への所得の分配については承認された社会契約と自主管理協定の枠内でもっぱら OOUR が決定することになっていた（Ocic str. 53）。

　この OOUR がいくつかまとまって相互に自主管理協定を結ぶことにより、労働組織（RO）が再構成された。しかも、OOUR は RO から分離する権利を持っており、別の RO に加盟することができるし、独立した RO になることもできた。さらに、いくつかの RO が自主管理協定を結んで連合して、企業連合に相当する「連合労働複合組織」（Slozna Organizacija Udruzenog Rada; 略称は SOUR）を形成する場合もあった。このほかに、OOUR に準ずるものとして労働共同体（RZ）と呼ばれるものがあった。これは RO 内部で機能する諸 OOUR のために、またその他の形態の連合労働組織のための「共通に関心をよせる業務」を遂行する部分であるが、OOUR を形成する要件を満たさないものである。具体的には、(1) 商業、(2) 市場調査、(3) 事業企画の設計、(4) 光学技術、(5) 研究開発 (6) コンピューターによる情報処理、(7) 専門人材養成、法律の指定する業務、であった。

OOUR、RO、SOUR の相互の間には上下関係はなく、RO や SOUR はむしろより広域の組織であり、OOUR の連合体として考えられた。

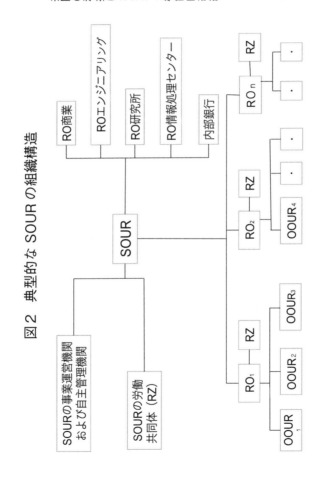

図2 典型的な SOUR の組織構造

3　ユーゴ独特の金融機関

　1974年憲法体制のもとでは銀行は連合労働組織に奉仕する金融機関と位置づけられた。1977年に「信用・銀行制度の基礎に関する法律」が施行され、これに基づいて、1977年から78年にかけて銀行の再編成が行われた。この法律によれば、金融機関は次のようなタイプに分けられた。
　A　銀行
　①内部銀行
　②基礎銀行
　③連合銀行
　B　貯蓄・信用銀行
　①貯蓄銀行
　②郵便貯蓄銀行
　③その他の貯蓄・信用組織

　内部銀行は、1970年代後半の企業再編成との関連で生まれた全く新しいタイプの銀行であった。ROまたはSOURの内部において、それを構成するOOUR（後者の場合はROも）が「銀行組織への連合化に関する自主管理協定」を締結して、この内部銀行を組織した。相互の債権・債務関係の迅速な処理、そして内部銀行の設立メンバーであるOOURの当座の流動性の維持などのために、OOURおよびROが資金を連合化（つまりプール）して作るものであった。内部銀行はOOURで働く労働者の預金を受け入れたり、彼らの預金口座を通じて個人所得の支払いも行った。この内部銀行は、企

業の内部で働いていない外部の市民とは取引をしなかった。

　基礎銀行はいわゆる普通の事業銀行である。これは、OOURやその他の連合労働組織、SIZ、内部銀行、その他の社会的法人が自主管理協定を締結し、労働と資材を連合化して（つまり、人を派遣し、資金をプールして）設立するものであった。

　連合銀行は、複数の基礎銀行が信用取引、国際決済、そしてユーゴ経済全体の発展にとって重要な意義をもつような大きな開発プログラムに必要な国内および外国の資金の集中、といった共通の利益を実現するために、自主管理協定を締結することによって設立された。なお、連合銀行はディナールの一覧払預金を受け入れず、家計とも取引をしなかった。

　このほかに社会会計局があった。これはもともとユーゴ国立銀行の一部局で、「ディナールによる統制」を行っていたが、1962年に国立銀行から分離し、独立した。その役割はたんなる監査機関にとどまらず、「社会的生産手段の利用者（社会有企業、等）の銀行勘定やその他の勘定を社会会計局の資格で管理し、それらの口座において生じる金銭授受の変化を記録する」ことであった。連合労働組織は社会会計局に振替口座を持ち、そこに資金をキープしておき、連合労働組織相互間の、または個人との間の支払取引を現金を用いずにこの口座を通して行わなければならなかった。また、連合労働組織への銀行の融資もそれぞれ社会会計局にもつ振替口座を経由して行われた。しかも、われわれが訪問した1980年代半ばにはコンピューターを用いて、毎日、すべての連合労働組織の前日の資金の流れおよび振替口座の残高はどうなるか

分かる仕組みになっていた。

4　企業再編成の実際

　連合労働法施行後集中的に企業再編成（いわゆる「オオウリザーツィア」）が行われた。

　第3の要件、すなわち、自主管理的基準も形式的・排他的に主張されれば、それはより大きな経済的効果を実現する可能性をせばめることになる。実践においては労働者自主管理実現の可能性がしばしば OOUR へ連合する労働者の数の問題に矮小化され、「OOUR や RO が多ければ多いほど自主管理は進み、その逆は逆である」という原則に基づいて企業再編成が行われた。

　このようにして形成された RO や OOUR にはその規模において相当のばらつきがあった。たとえば、1984年におこなった現地調査によれば、クラグエヴァツにある自動車工場 RO「ツルヴェナ・ザースタヴァ」の場合、その中にある最大の OOUR は労働者数が 3,767 人で、最小の OOUR は労働者数が 359 人であった。

　ベオグラード大学が行った調査によれば、SOUR「PIK ポジャレーヴァツ」の場合、その中の最大の RO には 1,000 人の労働者がいたが、最も小さな RO（内部に OOUR を持たない単純な RO）にはわずか 11 人の労働者しかおらず、最も小さな OOUR（労働者数 29 人）よりも小さかった。RO「IMT」の場合、最大の OOUR には 2,624 人の労働者がいたが、最小の OOUR には 36 人の労働者しかしなかった。この調査で

表1 SOUR「ツルヴェナ・ザースタヴァ工場」の概要

労働者総数　約53,000人				
25RO				
うち	生産	10		
	共同業務	7		
	商業	7		
	貿易	1		
7800UR				
24RZ				
うち	SOURレベル	5	（そのうちの1つが内部銀行）	
	ROレベル	19		
生産ROの内訳				
1. ROザースタヴァ特殊用途生産物工場				
2. ROザースタヴァ自動車工場				
3. ROザースタヴァ商業用自動車工場				
4. ROザースタヴァ工具・機械工場				
5. ROザースタヴァ小型運搬車工場				
6. ROザースタヴァ冶金				
7. ROザースタヴァ部品				
8. ROザースタヴァ英雄トザ・ドラゴヴィチ				
9. ROザースタヴァ ラミズ・サディク				
10. RO炭鉱レムバス・サースタヴァ				
ROザースタヴァ自動車工場の構成			労働者数、1986年7月31日現在	
1. OOUR「加工」				2,787
2. OOUR「プレス」				1,837
3. OOUR「車体」				2,229
4. OOUR「塗装」				1,522
5. OOUR「組立」				3,872
6. OOUR「10月3日」				415
7. OOUR「スタニスラフ・スミルチェヴィチ」				453
8. OOUR「メンテナンス」				1,470
9. OOUR「自動車研究所」				481
10. OOUR「仕入れ部」				134
11. RZ「技術的業務」				186
12. RZ「自動車経済」				346
13. RZ「自動車商業」				146
14. 人事および一般的業務」				263
	合計			16,141
出所：1986年8月26・27日の聞き取り調査。				

は、最も小さな OOUR は RO「SIK　コパオニク」を構成する 1 つの OOUR で、そこにはわずか 6 人の労働者しかいなかった（Todorovic 1984, str. 127）。

　うまくいっているケースもあったが、3 つの要件を不適切に適用したケースも相当あった。大きすぎる OOUR もあれば、小さすぎる OOUR もあったが、実際に出来上がった OOUR の規模は概してかなり小さかった。たとえば、自治州を除くセルビア共和国では、労働者数 15 人以下の OOUR および単純 RO（OOUR を持たない）が全体のほぼ半数（48.4％）を占めていた。

5　意思決定の連邦的構造

　OOUR における意思決定は労働者評議会が多数決で行っていた。通常は、ディレクターの提案を労働者評議会が審議し、採択するという形で決定がなされた。とくに労働者の譲渡不能な権利に関する決定は、労働者が全員集会またはレフェレンドゥム（全員投票）を通じて個人的に意思表明することによってなされた。RO レベルの意思決定は RO の労働者評議会でなされるが、それに先立って、その RO を構成するすべての OOUR がその提案に同意するか、消極的支持を与えるか、少なくとも黙認することが必要であった。同様に、SOUR レベルの意思決定は SOUR の労働者評議会でなされるが、事前に、それを構成するすべての RO の合意がなければならない。これは事実上、おのおのの OOUR が拒否権を持つことに等しかった。だから、極端な場合、RO の共通

の目標がOOURの個別目標に従属するという馬鹿げたことさえ生じたのである。[9] 1974年憲法や連合労働法の想定では、ROやSOURの事業運営機関の指導力は専門的サービス(RZ)を用いて共通の発展政策を提示する能力に基づいて達成できるというものであった。だが、このような機能の連合化はなかなか自主管理的な方法ではできないのが実情であった。そこで、経済の論理に押されて、インフォーマルな形で意思決定の集権化をなしくずし的に行わざるをえず、そしてそれに成功したところでは経済的にうまくいっていた。インフォーマルな集権化はコミューン当局の支援、党組織の支援、政治家とのコネ、「上級」の事業運営機関が「下部」の事業運営機関の人事において及ぼす事実上の影響力などをつうじて実現されたものと考えられる。

6　企業内部の取引

　SOUR（またはRO）内部のOOUR相互間の中間生産物の内部取引は次のような2つの方法、すなわち、内部市場によるメカニズム、または共同収入の獲得と分配のメカニズムを通じて規制された。SOUR（またはRO）における内部市場は通常、中間生産物が内部取引において自分の市場価格を持つときに用いられた。それに対して、共同収入メカニズムは中間生産物が自分の市場価格を持たないような状況で最も多く用いられた。

　第1の方法は外部の市場で行うのと同様に、組織内部でその構成単位であるOOURが互いに売買契約を結び、中間

生産物の供給と定期的な支払（内部銀行または財務担当RZを通じて）を行うものであった。内部市場メカニズムでは、OOURが獲得する収入は次のように表された。

　$R_i = p_i \cdot q_i$

ここで、R_iはOOURiが内部的取引でi番目の生産物を販売することに基づく収入（単純化のためにすべてのOOURは1つの生産物のみ供給する仮定）、p_iは生産物価格、q_iは内部で販売する生産物の量。

それに対して、第2の方法は、共同生産物の販売によって生まれる共同収入の分配における個々のOOURの取り分として事前に定められたパーセントに依拠している。自動車メーカーを例に挙げると、加工、プレス、車体、などの工程を担当する各OOURが最終生産物であり、かつ、共同生産物である自動車の総売上げ（共同収入）から自分の貢献度に応じて分配を受けるものであった。内部取引は売買関係の性格をもたず、個々のOOURの収入は、実現された共同収入の額の分配に各々の貢献度のパーセントをかけて求められた。だから、共同収入メカニズムでは次のようになっていた。

　$R_i = k_i R$

ここで、Rは協同生産物の販売によって実現される共同収入、R_iはOOURiが獲得する収入、k_iはOOURiの取り分として事前に定められた比率。

農工業、機械製作、冶金の分野の17のSOUR（いずれも多角的なSOURで、しかも最大級のSOUR）の内部経済関係を調査したオストイッチによると、大部分のSOURが内部市場メカニズムを用い、そのさい、市場価格または契約価格に

よって内部取引を行っていた。共同収入メカニズムは多くの場合、RO の枠内の諸 OOUR の中間生産物の交換を規制するために用いられており、他方、SOUR の枠内の RO 同士の交換は多くの場合、内部市場によって行われており、そのさい、内部価格は通常、「コスト・プラス」（マーク・アップ）方式にもとづいて形成されていた。

　資本主義経済ではライバル企業との競争に勝ち抜くために、企業は効率を高め、コスト引き下げの努力をしているのに、ユーゴの 1974 年憲法体制の下ではコストを圧縮するメカニズムは存在しなかった。むしろ、労働組織（企業）内部の OOUR がそれぞれ独自の価格政策をもち、それゆえ、これらの OOUR が垂直的な分業関係にある場合、最終生産物が出来上がるまでの各工程で価格がどんどん吊り上げられる傾向があった。

　労働組織には内部取引に際しての OOUR の交渉力は、OOUR の大きさ、独占的立場（ほかに入手先があるかないか）、最終（共同）生産物の観点から見た中間生産物の意義（重要な部品であるか、それとも、補助的な部品、付属品であるか、など）に依存していた。OOUR が提示された内部価格に同意しない限り、強い立場の OOUR が中間生産物の出荷停止で威嚇する場合も稀ではなかったという（Ocic 1986, str. 165）。OOUR の「機会主義的行動」の極端な事例はベオグラード市のラコヴィツァ地区のある RO で見られた。この RO は 7 つの OOUR で構成されており、これらの OOUR は同一生産物の部品を生産していた。この中のある OOUR は自分のところで生産した中間生産物を同一 RO の他の OOUR に供給

するさい相手に外貨での支払いを要求したと言われる（ベオグラード大学政治学部ラディヴォエ・マリンコヴィチ教授との面談、1986年10月1日）。

　伊藤知義（1990）は次のように説明する。「他の国の法制度のもとでは、企業内の財貨移動は事実上のものであって法的な問題とはなり得ない。それは、自然人の右のポケットから左のポケットに物が移動するのと同じで、およそ法的取引とは無縁の現象である。ユーゴスラビアの法制度にあっても、一つの職場内での財貨移動をとりあげればそれは事実上のものにすぎない」、「これらに対して、法人格を有する職場を内部に持つ企業は、企業内部の財貨移動を職場間の法的取引として構成しなければなかった」(203頁)。こうして、「内部取引」という取引類型が作り出されたのである。…〔中略〕…本来ならば企業全体の利害を離れた各職場独自の利害は存在しないはずなのに、企業全体の利益よりも職場独自の利益を優先して行動する法的可能性が生じたのである」(204頁)。なお、ここで伊藤氏が職場と呼んでいるのは、OOURのことである。

　J. トドロヴィチのように、ROを「企業」と見る立場からは、OOURレベルへの経営機能の過度の分権化により「ROは経済運営の活発な主体としては消滅したように見える」ことになる。彼は、経営機能の過度の分権化によってOOURがあたかもかつての企業のように振舞い、経済がアトム化したことを憂えていた（Radna Organizacija, str. 53-56）。連合労働法第146条の当初の規定は、「基礎組織の労働者は、振替口座を通じて、その基礎組織の総所得を実現するととも

に、自己の管理する資財を処分する」というもので、すべてのOOURに社会会計局の振替口座を持つことを義務づけていた。だが、このことがOOURの過度の自律性の主張を助長したとの反省ならびにROの役割の見直しと関連して、第146条は批判に晒さらされるようになった。1983年11月、「すべてのOOURは自分の振替口座を持つことができるが、持たなくともよく、すべてのOOURはROの枠内で1つの口座で業務を行うことができる」という趣旨に改正された。これは、自主管理の最小単位であるOOURの地位には手を付けないが、経済計算はなるべくROの枠内で行うことを奨励するものと解された。この方向での変化が期待されたが、1984年の現地調査ではたびたび訪問先で尋ねたが、そのような変化はすぐには生じていなかった。

7　投資のための資金確保

前述のように、カフチッチが提案していた証券市場は否定されていた。投資資金はどのようにファイナンスされていたのか。連合労働法は労働と資材の連合化の一つの形態として共同所得への参加に基づく資金の連合化を奨励していた。この方式は、資金に余裕のあるOOUR（A）が他のOOUR（B）のプロジェクトに資金的に参加し、リスクを負うとともに、実現された共同所得からの配分を受けるというものであった。なお、連合労働法はOOUR（A）が永続的に共同所得の配分にあずかることを禁止しており（第83条）、この点で、永続的に配当を受ける資本主義的な資本参加とは区別されて

いた。だが、実際には、SOUR の枠内であれ、RO の枠内であれ、共同所得への参加に基づく資金の連合化という方式は十分には機能しなかった。OOUR はこの方式よりも市場金利に近い金利で他の OOUR に資金を融通することが多かった。オストイッチによれば、ユーゴの SOUR の投資資金源を見ると、銀行信用が 23％、短期の商業信用が 18.3％、残りの短期資金が 15％、自己資金が 41.6％であり、共同所得原則に基づく連合資金はわずか 1.8％であった。

共同所得への参加に基づく資金の連合化がうまく進まなかったことの理由は次のように考えられる。連合労働法は、共同所得に参加し、償還期間が満了したとき、共同所得の分配の過程で補償の最高額を確認するよう義務付けていたが、補償額の最低額を確認するよう義務付けていなかった。連合労働法では、資金を連合した OOUR は「連合した額で、あるいは法律に従って再評価した額で、連合した資金の払い戻しを受ける」権利をもつことを規定していた (第 84 条第 1 項) にもかかわらず、実際には、資金の償還は名目額で実現され、再評価された額ではほとんどおこなわれなかった。もう一つの重要な理由は、激しいインフレのもとで銀行利子率が実質的にマイナスのときに、自己金融や共同所得に基づく資金の連合化よりも銀行資金の利用の方が魅力的であったことである。

8　期待されるディレクター像

テクノクラート支配の排除をめざしつつも、やはり連合労

働組織に経営のプロフェッショナルが必要なことは言うまでもない。『ディレクター』という書物を著したシフテル（Sifter 1978, str. 120）は期待されるディレクター像を次のように描いていた。すなわち、ディレクターは専門的知識をもつ労働の組織者、調整者であり、対外的には連合労働組織を代表し、職場内では良好な人間関係を作り出すよう配慮し、労働者に適切な課題を提示し、生産性向上に不断に努力する。ディレクターはこうした仕事を労働者評議会のコントロールの下で行うわけだが、こうした期待に応えることのできたディレクターがどれほどいたかは疑問である。シフテルも、ディレクター職に魅力のない理由の一つとして、それがあまりにも多くの責任を負いながら、決定権があまりに小さいことをあげていた。また、ボロヴィエツ（Borowiec 1977, p. 84）によれば、SKJ は、市場経済の諸法則について健全な理解をもち、同時に、党に忠誠であるような経営者を望んだ。だが、あいかわらず企業のディレクターは業績不振を理由に非難されがちであった。その結果、1975 年、そして 1976 年の一時期、企業が指導的なポストの公募をおこなっても応募する人がほんのわずかしかいない経営者不足の危機にたち至った。

9　連合労働組織の経営および労働者評議会、労働組合、紛争

企業長から見た経営

　1979 年 9 月 14 日にノヴィ・ベオグラードの農業機械製造企業（IMT）を私が訪問したときの企業長の説明を以下に紹

介する。1947年設立で、約7,000人の労働者が働いている。この企業（RO）は10のOOURと2つのより大きな単位からなっており、それぞれの組織にディレクター、労働者評議会、経営委員会および各種委員会が存在する。OOURにおける労働者評議会には労働者10人につき1人の割合でそのメンバーが選出される。RO全体の中央労働者評議会には労働者50人に1人の割合でそのメンバーが選出される。労働者評議会の選出の際は年齢構成や男女の比率が考慮される。労働者評議会のメンバー選出の基本的原則は最も優れた労働者を送り出すということである。任期は2年で、2期まで続けることができる。労働者評議会のメンバーは特別な権利を持たず、むしろその反対に厳しい責任を負う。討議資料は会議の数日前に配布される。彼らはそれに目を通したうえで出席し、会議の終了後には自分が所属する技術的単位で報告する義務がある。労働者評議会の下に常設の各種委員会があるほか、特定の問題についてはそのつど特別委員会が設けられる。たとえば、人事委員会は企業長の募集や労働者の新規採用の際は優れた候補者を選び出すという基準で選考を進める。そのため日刊新聞の広告欄を通じて公募を行ったり、大学生には奨学金を支給している。経営委員会は多くの課題を受け持っており、たとえば企業の発展計画、資金計画、投資計画等々について、それぞれ年次計画、四半期計画、中期計画を立案しなければならないという。

　企業長と普通の労働者との差異（つまり、企業は党員でなければならないのか、とか賃金格差など）についての質問に対して、党員（SKJの）であることは必ずしも企業長の条件で

はなく、また企業長は特権を持たずに大きな責任を持つと答えたうえで、企業における党員の比率について言及し、労働者の30％は党員で、とくに18〜27歳の青年層では50％（この数字は青年同盟のメンバーも含めているのではないかと思われる）、女性労働者の15％が党員だということを明らかにしたが、賃金格差については、報酬は労働の成果に応じて決まるのであり、学歴によるものではないと一般的に答えるにとどまった。

　企業長は個人所得を決定するものとして、(1) 自分の持ち場での労働者個人の労働の結果、(2) 所属する技術的単位での生産高、(3) 所属するOOURの生産高、という3つの要因を挙げたが、このうち労働者個人の労働が最も重要だと答えた。そして同一の仕事に対して、場所（技術的単位やOOURなど）が違えば、異なる個人所得が配分されるということもあり得ると述べた。総収益のうち、だいたい18-20％が個人所得にまわるが、これは場所によっても異なり、高額で最新の設備を使用し、労働者の少ないところではこの比率は低い。

　労働者の純個人所得の平均は1カ月6800ディナール（当時のレートで、1ディナールは約12円）だという。最低額については教えてくれなかったが、最高額は2万ディナールだと言い、最低と最高の格差が1対5ないし1対5.5だというから、ここから最低額についてもだいたい推定できよう。複数のOOUR相互の間の関係についても質問が出されたが、企業長はこれらのOOURはたまたま一緒になっているのではなく、すべて密接な技術的な連関があり、価格や個人所得に

ついてたえず議論し合っていると答え、次のような例を挙げた。ある OOUR が市場での原料価格上昇などによって損失を被ったような場合、さしあたりこの基礎組織の予備ファンドでカバーされるが、それでもカバーできなければ同一企業（RO）内の他の OOUR の予備ファンドによって連帯的にカバーされる。他の OOUR の支援を受けたこの OOUR の基本的な義務は赤字克服の計画を策定することである。このような協力は企業内部だけに限られず、企業外部から、たとえば銀行などからも得られる。「労働に応じた報酬」という原則ではみな一致しており、もし市況が有利のため高価格で製品が売れて得られた収益は全体に還元されるという。

労働者評議会

同じ日の農業機械製造企業（IMT）での若い男性労働者（24歳、勤続8年、労働者評議会のメンバー）からの聞き取りでは、全体集会（技術レベルでの、つまり OOUR）の出席は義務づけられてなく、まったく自由であり、出席率は約 50% だとのことであった。労働者評議会の開催頻度について尋ねたところ、回数は問題によりけりで、前年は 20 数回開かれたと答えた。労働者評議会の決定の方式については、小さな問題は挙手で、個人所得の配分などの重要な問題は投票による。年休については勤続年数によって異なるが、最高 40 日だという回答があった[11]。

労働組合

1974 年憲法は自主管理的統合のプロセスにおける労働組

合の役割を重視し、所得分配と個人所得の割当て基準を決める自主管理協定の締結のプロセスに労働組合が参加することを規定し、さらに紛争解決における労働組合の権利と義務を規定していた（笠原 1983、151 頁）。自主管理企業（連合労働組織）においては労働者評議会が大きな役割を果たしているので、労働組合が何をやっているのかは外からは見えにくい。私が 1980 年 3 月にスロヴェニアの企業イスクラ・キベルネティカを訪問して、労働組合の議長に尋ねたところ、「労働組合は労働者評議会を通じて自分の意思を実現する」と答えた。彼が働く電力メーター工場（OOUR）には約 1,200 人の労働者が働き、それが 29 の労働組合グループ（平均して 1 つのグループが 40 人程度、最高でも 70 人）に分かれている。これらのグループから各々 1 人の代表が出るようになっており、労働組合が職場の年齢構成や性別構成などを考慮しながら、候補者を選び、投票用紙を作成すると彼は回答した。

労働停止

　労働者自主管理が行われ、労働者が主人公意識を持っているはずの国で労働者が「労働停止」（ストライキ）をおこなうことは本来はおかしなことであるが、実際には起きたし、ユーゴの指導者もそれを隠そうとはしなかった。ユーゴで最初のストライキは 1958 年にスロヴェニア共和国の炭鉱トルボヴリェで起きた。その後も、それほど深刻ではないが、ストライキは散発的に起きた。社会学者の調査によると、ストライキが最も多く起きた分野は工業で、原因は生産的労働の低い評価のほかに、労働者に情報が与えられてない、あるいは誤っ

た情報の伝達であった。ストライキで失われた労働時間は多くの場合（80.1％）、あとで労働者によって補われた。

1986年9月に現地調査で訪問した企業（RO）では、同年5月にあるOOURで労働停止が起こったとのことである。人事担当のディレクターによれば、これは古典的な労働停止ではなかった。個人所得ではなく、労働条件をめぐって行われたからだという。この年の5月は特別に暑く、32度以上の日が続いたにもかかわらず、換気装置の調子が悪かったために労働者たちは労働停止を行ったのである。

労働停止の発生件数は1982年には174件であったのに対して、85年には696件となり、その後増加傾向にあった。労働生産性の伸びを上回る個人所得の引上げをインフレの一因と見る連邦政府は1987年初めに個人所得抑制策を打ち出したが、これに対する不満も強く、労働停止が各地で多発し、しかも長引いた。[12]

〈注〉

(1) ヨージェ・メンツィンガー（1941-2023年）はリュブリアナ大学法学部卒業（法学士）、ベオグラード大学法学部で修士号を取得した後、アメリカに渡り、ペンシルヴェニア大学で経済学博士号を取得した。リュブリアナ大学法学部付属経済研究所の教授、所長を務め、2001-2005年にはリュブリアナ大学学長。1991-92年にはスロヴェニア共和国政府の経済改革担当の副首相を務めた。スロヴェニア科学・芸術アカデミー会員。

(2) チトーの手紙は日本語訳でも読むことができる。共産主義者同盟幹部会執行局「ユーゴスラビア共産主義者同

盟の全組織、全党員への手紙」『ユーゴスラビアの現情勢と共産主義者同盟の立場』(『世界政治資料』No. 395)

(3) カルデリ、前掲書、訳者解説、237頁。

(4) スロヴェニア出身でイギリス在住の研究者リューボ・シルツはカルデリを次のような辛辣な表現で説明していた。「彼は現実感覚を持たないが、言葉をもて遊び (juggles with words)、彼のたえざる『イノヴェーション』を実行する人たちをぞっとさせた」(Sirc 1979, p. 245)。

(5) 徳永氏の学会報告「ユーゴスラビア自主管理の現状と対と」(社会主義経営学会第15回大会、東北大学、1990年3月30, 31日のレジメ)によると、1973年から76年にかけて「経済文化革命」が行われ、有力なディレクターが、党と政府の圧力を受けて次々と更迭された。その理由として第1に、力をつけた経済界首脳の改革批判やセルビア共和国内自治州の自治強化への反対姿勢に対して党および政府が反対したこと。「10万人の労働者と何千人の共産主義者のいる工場は、党よりもはるかに強力である」というカルデリの発言から、当時の党政治家が、企業首脳の政治化に対していかに脅威を感じていたかがうかがわれる、と徳永氏は述べた。第2に、当時のセルビアの優良企業が全ユーゴ統一市場にネットワークを広げる施策をとったこと。このこと自体はユーゴ統一市場の形成に役立つものとしてむしろ歓迎すべきものであるが、当時のユーゴにおいては、このようなセルビア主体の連邦化は、チトー政権下で推進されていた民族の分権化政策とは相容れないものになったという。

(6) これの英語表現は Basic Organization of Associated

Labor である。ユーゴではオオウルと呼ばれた。
(7) チャスラフ・オーツィチによれば、1971 年から 1974 年にかけて、このような OOUR 概念を熱狂的に受け入れ、そしてかなりの程度 OOUR 導入のための議論に貢献したのは産業心理学者、社会学者、組織問題の理論家および政治経済学者の大部分（とりわけミラディン・コーラッチのような「所得論者」）であった。彼らは政治学者たちと一緒に、新しい概念の主要なイデオロギー的擁護者になった。それに対して、経済法の理論家たちは憲法学者とは違って、OOUR については懐疑的であった（Ocic 1983, str. 8-9）。OOUR を基本とするというアイデアは多くの学者からの提案に基づくが、政治的にはカルデリの影響によるところが大きいと思われる。というのは、1983 年に RO の役割を強めようとする制度関連法の修正の動きに対して、反対論者は「その修正は実際、われわれの制度の非カルデリ化（dekardeljizacija）だ」と受けとめて抵抗した人々がいたからである。シュチェパン・ラブレノヴィチがそれを伝えている（Rabrenovic str. 10）。
(8) 1980 年代に入って、ブランコ・ホルヴァートは OOUR 概念に次のような厳しい批判を浴びせるようになった。「企業は自主管理的（政治的）、生産的（技術＝組織的）および経済的（経済主体）産物である。全く小さな企業を別とすれば、その 3 つの構造は一致しない。連合労働概念の致命的な欠陥は、その 3 つの構造が一致するという暗黙の前提である」（Horvat 1983, str. 669）。
(9) その例として挙げられたのはユーゴスラヴィア航空（JAT）である。Todorovic (1984), str. 42; Pavlovic i Stanojevic (1984), str. 232-235. 航空会社の場合、RO の

共通の目標は航空事業で旅客や貨物を大量に速やかに、しかも安全に輸送し、そのことによってより多くの所得を実現することでなければならない。もし、運航、グラウンド・サービス、整備、営業の各 OOUR が RO の共通の目標よりも個別の目標を優先させて、てんでばらばらに行動するとしたら、それは民主主義の実現ではなく、まったく馬鹿げたことであろう。

(10) 当時ベオグラードで開催された国際セミナー「ユーゴの理論と実践における自主管理」(Self-management in Theory and Practice of Yugoslavia) の中の一つのプログラムとして実施された。

(11) 企業長と労働者の話は、小山 (1979b) の抜粋。

(12) ストライキに関する記述は私が以前に書いた著書 (小山 1990, 270-277 頁;小山 1996, 128-133 頁) の抜粋である。

第5章 1974年憲法体制 – 関連システム –

1 自主管理利益共同体

地方自治の発展

　労働者自主管理は地方自治にも影響を与えた。自主管理は企業の枠を超えて適用され、地域社会の勤労者・住民による自治という理念に結実した。コミューンはもはや中央集権的な行政機構の末端部分ではなかった。パリ・コミューン型の「生産者の自治」を実現するものへ転換した。

　1981年の時点で、ユーゴ全土には522のコミューンがあった。地域によってコミューンの規模には相当のばらつきがあったが、平均すると、1つのコミューンは500km²の広さと4万4,000人の人口を持っていた。さらにその内部に平均して21の地域共同体（日本の小学校の学校区のイメージで考えると、理解しやすい）と55の集落を持っていた。ドルールヴィチによると、コミューンは次のような3つの役割を持っていた。(1)統治の手段であり、統一的制度の一部として地域レベルの業務を行う役割、(2)市民および連合労働組織に一定の都市機能水準を保証するために配慮する役割（水道、電気、下水道、地方商業、等）、(3)労働者、経済組織、社会組織から、共和国や連邦に至るまでの、種々の自主管理機関および利害関係を結合させ、相反する利害が生じた場合にはそれを調和させる役割。

もう少し具体的に補足すると、コミューンはたとえば電気、水道の供給、公共交通機関の組織化、住宅、生活物資の供給、保健、職業訓練等、働く者のための有利な条件作り、というようなその領域内の公益の経済活動を行う。コミューンはその社会計画を通じて、その領域における経済活動を調整する。計画は個別企業の計画に基づいて経済発展を予測し、生産性向上を考え、物質的生産と公共サービス部門のバランスを確立し、それらすべてと社会的必要とを調和させるものである。……［経済的機能］

　コミューンはそこに住んでいる市民の社会的、文化的要求に応えるため、公共サービスを組織する。住宅の分野では住宅建設を組織し、住宅の維持と活用に注意し、住宅建設用の土地利用を管理する。……「生活水準に対する責任」

　市民は、コミューンにおいてすべての基本的自由と権利を行使する。コミューンはそれを保証するために警察などの秩序維持機関を持つ。……［政治的機能］

　さらに、コミューンは、その領域内で活動する連合労働組織や公共機関の内部の管理にも介入する。たとえば、連合労働組織のディレクターは労働者評議会が選考委員会の推薦に基づいて任命するのであるが、この選考委員会には連合労働組織の労働者評議会と並んでコミューンも同数の委員を派遣していたが、1974年憲法以後、労働者評議会、労働組合、コミューンの三者が同数の委員を派遣することになった。……［社会的監督］

　以上のように、コミューンはきわめて大きな権限を持っており、「いわば国家内の小国家」（石川 1977, 27頁）のような存

在であった。プーシッチによれば、法律によって中央政府によって留保されないものは何でも地方の権限だと考えられていた (Pusic 1975, p. 139)。連邦政府の権限に属するものは、軍事、外交のほか、統一的市場の確保、共通の通貨・貿易政策や政治制度の諸原則ならびに民族的・個人的権利の保証、その他多くの分野での一般的基準の設定であった。たとえば、教育は連邦政府の権限には属さなかった。教育科学省は、共和国・自治州にはあったが、連邦政府にはなかった。

表1　1966年度の財政支出の分野別・主体別構成（％）

	連邦	共和国ならびに自治州	コミューン
実質支出全体	45.8	19.4	34.8
教育	0.1	21.5	78.4
科学・文化	5.3	58.1	36.6
社会福祉・医療	52.9	11.6	36.4
公益事業	n.a.	16.2	83.8
公務行政	16.7	40	43.3
国防	99.7	n.a.	0.3
インフラストラクチャーへの投資	5.3	38.8	55.9

出所：Horvat (1976), p. 249.

表1は1966年度の予算支出を示したものだが、教育の分野は国防とはまったく対照的であって、教育分野予算支出の総額のうち連邦が支出したものはわずか0.1％にすぎず、共和

国・自治州が21.5％、コミューンが78.4％にのぼった。この時点では、社会福祉と医療の分野で連邦がまだ大きな役割を果たしていたが、その後分権化が進み、この分野への連邦政府の関与は低下していった。

公共サービス分野への自主管理原則の適用は1960年代になって始まった。自主管理利益共同体(Samoupravna Interesna Zajednica; SIZ)の前身である利益共同体（IZ）が1962年に社会保険の分野で組織された。1965年以降、雇用、教育、文化、科学の分野でIZが組織されていった。1962年から73年にかけて、1,116のIZが組織された。この時期のIZはそれ以前の国家の行政機関から切り離して、専門家を中心として組織されたものであり、IZ総会においてもサービスの利用者側の代議員の割合は低く、資金の適切な使用への利用者側の影響力行使は不十分であった。

SIZの発展において質的転換をもたらしたのは1971年憲法修正と1974年憲法であった。1971年憲法修正条項第21条は、教育、科学、文化、医療などの公共サービス分野においてSIZを組織することを定め、そのさい初めて、「労働の自由な交換」という概念を用いながら、サービスの提供者と利用者との関係を規定した。国家財政から自由であり、盲目的な市場の作用からも自由な労働の交換をおこなうという意味で二重の意味で自由なのだ、と説明された。教育分野を例にとって、もう少し具体的に言うと、学校の教師がサービスの提供者であり、サービスの受益者は生徒の両親となるであろう。双方が定期的に会い、提供者側が計画、必要経費等を説明し、受益者側が要望を伝え、議論のうえ計画を認める場が

SIZ総会であった。なお、ユーゴでは国家と言う場合、連邦や共和国・自治州だけでなく、コミューンをも含めて考えていた。

SIZには次のような4つのタイプが存在した。

（A）公共サービス分野のSIZ（教育、文化・体育、社会福祉、児童福祉、医療などの分野）

（B）利用者だけで構成される年金・傷病者保険の分野のSIZ

（C）住宅分野のSIZ

（D）インフラストラクチャー分野のSIZ（たとえば、電力、水道、道路、灌漑・排水、郵便・電話・電信、などの分野）

「国家死滅」のアイデアは、共産主義のより高度の段階、すなわち狭義の共産主義社会では国家は死滅する、というマルクスの考えに由来する。まだ、ユーゴ自身が社会経済的にも未発達であり、世界的にも紛争や軍事対立がある時代に国家がなすべき課題は大いにある。にもかかわらず、ユーゴの共産主義者たち、とくにトップの指導者たちはこの段階で「国家の死滅」の理念を前面に押し出した。ユーゴの人々はその理念に従って、多くの分野の活動をエタティズム（国家主義）から解放することを目指した。夢想と思われるが、彼らは1974年憲法以降、大まじめに、それの実現に踏み出したのである。

SIZは地域的原則または（および）機能的原則に基づいて組織された。初等教育、文化、体育、社会福祉、児童福祉、医療、雇用におけるSIZは地域的原則に基づいて組織され、通常、コミューンがそれらの地域的単位となったが、近隣の複数のコミューンが共同でSIZをつくることもできた。各分野

のSIZは自主管理協定をむすぶことによって横に連合し、地方SIZ、さらには共和国SIZを組織した。一時は、SIZの数は5,000を超えたが、経済危機が深まるにつれてSIZシステムを維持することは次第に困難になった。

　SIZはその事業を管理するSIZ総会を持ち、これが最高の管理機関であった。多くの場合、この総会は2つの院からなっていた。第1の院はサービスの利用者の院であり、第2の院はサービスの提供者の院であった。2つの院は対等に、相互の権利、義務、責任について議論し、決定は両院の一致をもってなされていた。必要な場合は、両院合同の会議を開くこともあった。総会のほかに執行委員会が存在した。執行委員会と並んで書記（いわゆる事務局長）がいた。書記のもとに「専門的サービス」と呼ばれる事務職員がいた。総会の代表や執行委員の仕事は非常勤（無給）でなされたが、書記および専門的サービスは常勤の労働者で、SIZの業務は彼らが日常的に行っていた。

　SIZにはまず当該分野の事業遂行（サービスの提供）のために、連合労働組織（学校、病院など）に資金を保証する義務があった。主要タイプのSIZである公共分野におけるSIZの場合、労働者が粗個人所得から拠出する納付金（doprinos; contribution. 分担金と訳してもよいかもしれない）によって資金が保証された。国家財政ではなく、労働者や市民が自主的に組織したSIZに資金がプールされたので、彼らが拠出する納付金は税金（porez; tax）とは範疇的に区別されていた。サービスの利用者側は公共サービスを維持するために総個人所得から一定の割合で納付金を拠出するわけだが、これはい

わゆる「受益者負担」と同じではなかった。その理由は次のようなものであった。社会主義社会の所得分配の基準である「労働に応じた分配」が、諸個人の不平等な条件（不平等な労働給付能力、家族数、等）の下では、諸個人に不平等な帰結をもたらすことは避けがたい。けれども、たとえば勤労者の子弟が教育を受ける権利（医療を施される権利やその他の権利でも同様）がこのことによって左右されるようであれば、たいへん不都合なことである。このような社会的差異を耐えうるレベルにまで縮小するために「互恵性と連帯性」の原則が強調された。すなわち、勤労者は皆、子供の数にかかわりなく、したがって子供がいようといまいと、SIZ 総会で合意された一定の比率で総個人所得から納付金を教育 SIZ へ拠出したからである。

　参考までに、1 人の労働者が各種の SIZ のためにどのくらい納付金を負担していたのか見てみよう。表 2 はリュブリアナに住む労働者 K. G. 氏の 1984 年 5 月分の個人所得明細書である「コミューン税」「共和国税およびその他」を合計すると、2.650％であった。これを除くと、総個人所得から支払われる各種の SIZ への納付金の合計は 23.900％にのぼった。SIZ の納付金は地域によって異なった。納付金の合計が 30％前後に達した場合もあり、率直に言って、勤労者にとって SIZ への納付金はかなり重いものであった。

低開発地域への援助

　このように中央政府の介入なしに、または共和国（自治州）政府の強力な指導なしに、コミューン単位に SIZ を中心に教

表2 SIZ納付金および税金一覧表

総個人所得	47,302 ディナール
教育 SIZ	4.29%
文化 SIZ	1.63%
体育 SIZ	0.49%
社会福祉 SIZ	0.62%
児童福祉 SIZ	1.63%
児童福祉 SIZ 連合	1.84%
健康保険（医療 SIZ）	0.86%
年金保険（年金・傷病者 SIZ）	12.54%
コミューン税	1.85%
共和国およびその他	0.80%
合計	26.55%
所得から拠出される健康保険（医療 SIZ）納付金	8.17%
純個人所得	34,743 ディナール

出所：K.G 氏の個人所得明細書（1984年5月分）より。

育活動（または医療活動、その他）が行われているとすれば、誰しも疑問を感じるのは、経済的格差に起因する教育サービスの地域的不平等は生じないのか、またそのような問題はどのように解決されているのか、ということである。地域的な不平等の是正は全連邦的な規模ではなされなかったが、共和国（自治州）の範囲では、この不平等を是正ないし緩和するために連帯性と互恵性の原則に基づいて、いくつかのルートで経済的に遅れた地域への援助がなされていた。それらルートで最も重要なのは共和国 SIZ であった。

経済危機と SIZ

社会的生産物（ＧＮＰに近いカテゴリー）に占める一般的消費と共同消費の割合は1979年まで増大傾向にあった。その割合は1953年から1973年にかけて34.3％から36.1％へと緩慢に増加したが、その後の5年間に8.5％も増加して、1978年には44.6％に達した。経費膨張に関するワーグナーの法則がここでも当てはまった。投資も非常に高い割合で維持されたが、外国からの借入れがそれを可能にした。ついに1979年にはユーゴの最終国内支出（投資支出を含む）は社会的生産物を10％も上回った。

80年代に入ると、このような経済運営はもはや続けることができなくなった。もともと納付金率の決定に際しては社会政治共同体（コミューンや共和国・自治州）の議会が事前に意見を表明し、そのうえで当該SIZにおいてサービスの利用者側と提供者側が納付金（または「労働の自由な交換」）に関する自主管理協定を締結することになっていた。ところが、実際には、納付金額の増大を抑制するために議会がSIZに介入することを余儀なくされた。そこから、SIZの活動が社会政治共同体の決定に従属し、SIZが「疑似国家的」機構になったとの批判も生まれた。

また、SIZがあまりにも細分化されすぎたという批判もよく聞かれた。地域的原則に基づいて、どのコミューンも教育（初等教育）、文化、等々、約10もの分野でSIZが組織されていた（たとえば、ヴォイヴォディナ自治州では、少ないところでは7種類、多いところでは12種類のSIZが存在した）。職場（連

合労働組織）や地域（コミューン）からこれらの SIZ 総会へ派遣される代表団のメンバー数も相当な数にのぼった。いま述べたことと関連するが、「専門的サービス」と呼ばれる事務機構が肥大化した。SIZ システムを維持することが経済諸分野の労働者（＝サービスの利用者）にとってたいへんな負担と感じられるようになった。「インフレーション危機プログラム」は、社会的生産物に占める社会的消費の割合を 1981 年における約 35％から 1985 年までに約 30％にひき下げることを要求した。その後、1984 年に『経済安定化長期プログラム』が実施されたにもかかわらず、ユーゴ経済はいっそう混迷の度を深めた。そのような中で、社会的消費の削減だけは一貫して追求された。こうしたことは教育や医療などの現場に深刻な影響を与えた。

　SIZ システムは高邁な理念のもとで活動を開始したが、1980 年代の経済危機の中でその可能性を十分に発揮できないまま、深刻な批判に晒されるようになった。もともと官僚（Bureaucrat）による支配を否定するために、SIZ システムが作られたのであるが、サービスの利用者の参加意識が低く、また比較的狭いコミューンを地域的単位にしてあまりにも多くの種類の SIZ が組織されたため、SIZ 相互間の調整が必要になり、結局、新たな種類の官僚（Sizocrat）が生み出された。SIZ システムの構築は最初から「主意主義的」であったとの反省も聞かれるようになった。ともかく SIZ システムは予想以上に非効率的だと判明した。こうして、1980 年代末から 1990 年にかけて SIZ が次々に廃止され、国家財政方式が復活した。

2 自主管理型銀行制度

　旧ユーゴは、モノバンキング・システム（ソ連のゴスバンクのように、中央銀行の役割のほかに商業銀行の役割も同時に果たすシステム）から徐々に脱皮し、65年の経済改革で二層制銀行システム（中央銀行は通貨発行をするとともに、商業銀行のための銀行の役割をはたし、金融システム全体の監督をする）を作り出した。市場メカニズムへのナイーヴなほどの信頼がみられたのが60年代後半の特徴であった。それゆえ、当時のユーゴ社会主義は西側から「市場社会主義」と呼ばれた。この頃から、西欧へ出稼ぎに行くことが可能になり、出稼ぎ労働者から国内にいる家族や親類への送金が増え始めた。ユーゴの国民は合法的に外貨が保有することができたのである[1]。

　65年改革は経済において国家が持っていた権限の多くを自主管理企業に移譲した点では、自主管理を発展させたと言えるが、他面では、市場経済に特有な問題、たとえば、インフレ、失業、企業間格差の拡大をもたらした。また、企業の銀行への依存も強まった。

　60年代末にカルデリらの「正統派」の政治家や学者はテクノクラート支配・自主管理の形骸化を重大視し、それに対処するために、協議経済の方向へと転換を図った。1971年の憲法修正を経て、1974年憲法が制定された。この体制のもとでは、銀行は自主管理企業に奉仕する金融機関という性格が与えられた[2]。銀行は、自主管理企業が資金をプールして設立するものに変更された。銀行の最高意思決定は銀行総会であっ

たが、これは設立メンバーである自主管理企業から派遣された代表で構成された。銀行総会での投票権は出資額には比例せず、どの設立メンバーも1票のみ持った。実際には、銀行の経営委員会に自分たちの代表を選出している少数の設立メンバーが銀行の管理に重要な影響を及ぼしており、同様に、銀行のディレクターの選挙に大きな影響力を行使する地方の政治的サークル（といっても、政党は共産主義者同盟とそれの大衆組織である社会主義勤労者同盟しか存在しなかったのであるが）も重要な影響を及ぼしていた。生産分野の自主管理企業は銀行に多額の債務を負い、地方の政治サークルも地域経済の発展のために現地の自主管理企業に融資することに関心を持っていたので、銀行は事実上、大きな債務者によって管理されているのに等しく、銀行の経営陣にはオートノミーはなかった。それゆえ、銀行の基本的関心は、銀行に出資した者の利益を極大化することにはなかった。銀行に対しては金利をできるだけ引き下げる方向に不断に圧力がかけられた。70年代のインフレ率は2桁（9〜26％）であった。高いインフレ率のもとではもともと低い利子率は実質的にはマイナスの利子率を意味し、企業にとってはいわば借り得の状態にあった。実質的にマイナスであっても、貸出利子率が預金利子率よりも高ければ、さしあたり銀行業は成り立つ。さらに、複数の銀行が存在する金融システムにおいては個々の銀行により信用創造がなされる。

　利子率のこのような低さは、資本は無料だというかつての考え方の名残と不労所得は悪だというイデオロギーに影響されたものであった。銀行は低い金利で融資するだけでなく、貸

し付けた元金の回収をそれほど強く求めることもなかった。その代わりに、自分の総収入を形成し、損失の計上を避けるために、利子を獲得することに関心を持ち、融資を受けた自主管理企業が利子を支払い続けることができるようにさらに短期の融資を与えたりした。融資が失敗しても、その尻拭いは中央銀行がした。

　個々の共和国や自治州の国立銀行は金融政策において若干の独立性を持っていた。問題なのは、収入不足で苦しむ政府に中央銀行が資金を融通する際に限度が設けられていなかったことであった (Poenisch 1992, p. 34)。このこともハイパーインフレの重要な要因であった。

3　政治システム

　1974年憲法体制で特徴的なのは代表制（delegatski system）である。暉峻ほか著（1990）の中の竹森正孝が担当した章に基づき、簡単に説明してみよう。ユーゴの論者はこれと西側の議会制との違いを強調していた。いったん選出されると、議員が選出母体から遊離して行動する旧来の議会制度とは違って、代表制の基本原則は「決定は関係者にできるだけ近く」であり、これにより、「権力の重心が大きく下部に傾くことが」期待されていた。ただし、有権者は直接に代表（＝議員）を選出するのではない。代表制は選挙人と議会との間に代表団を介在させるというユーゴ独特のものであった。有権者はまず代表団（delegacija）を選出する。代表団はその中からその任期中の、またその会期中の代表（delegat）を互

選する。「代表団は議会活動一般を常に討議し、代表はそこで形成された基本的立場=ガイドラインに従って議会で行動し、その活動、決定を代表団に報告する」(竹森 1990、94頁)。代表は自分の職場や地域の利益を代表し、代表団のガイドラインに従うので、「古典的な自由委任」ではなかった。だが、選出母体の狭い利益に縛られるではなく、「一般的・社会的利益」を考慮して行動することも要求されているので「命令委任」とも異なっていた。

連邦レベルを除く、議会は3院制をとっていた。コミューン議会には連合労働院、地域共同体院、社会政治院が存在した。生産原則を主に、そして地域原則も加味されていた。前述のように、1974年憲法体制では、連合労働基礎組織（OOUR）が社会政治システムの基本的単位とされた。OOURで働く勤労市民はその職場で労働組合が推薦に基づき、連合労働院への代表団を選挙し、さらに社会政治院の代表を選挙した。したがって、一人の市民は3つの投票権を行使したが、専業主婦や年金生活者は2票しか行使できなかった。

社会政治院は、SKJ、社会主義勤労人民同盟、労働組合、青年同盟、退役軍人会という「社会政治組織」によって選出される代表で構成された。この院では、代表団の選出、しかるのちに代表の互選というやり方をとらなかった。候補者リストはそのコミューンの社会主義勤労人民同盟の組織が作成し、住民の信認投票を受けるという仕組みになっていた。社会政治組織に特別の地位が与えられ、独自の社会政治院が設置された理由について、カルデリ、は「自主管理が経験主義的な活動や大衆による自然発生的支配の道具になって制度全体を

歪曲するという事態を防ぐために、創造的な社会的意識を担う主体的勢力が、自主管理民主主義制度の組織的な構成部分となる必要」があるからだ、と述べていた。

　コミューン議会とSIZとの関係は非常に密接で、もし、特別な社会的利益を有する社会的活動（教育、文化、科学、医療、社会福祉）のSIZの活動分野にかかわる問題がコミューン議会の議題にのる場合、コミューン議会の各院と対等の第4の院として、当該SIZの総会がコミューン議会に参加することになっていた（次頁：図1参照）。

　共和国・自治州レベルの議会も同様に3院制になっていた。ここでも有権者である勤労者・地域住民が直接に議員を選挙するのではなく、そして、共和国・自治州議会から議員の間で互選された代表が連邦議会の共和国・自治州院へ派遣された。コミューン・レベルから連邦レベルに至るまで「徹底した間接・多段階選挙」（同上書、107頁）が行われた。連邦議会は2院制をとっていて、連邦院と共和国院・自治州院で構成された。議席配分はパリティ（等数）原則に基づき、人口の違いにもかかわらず、各共和国は同数の議席が与えられた。すなわち、連邦院は共和国からは30名、自治州から20名であった。共和国・自治州院は共和国からは12名、自治州からは8名であった。人口が700万を超えるセルビア共和国も、人口が60万人のモンテネグロも、人口の大小にかかわらず、同じ数の議席配分であったのは、セルビアに我慢を強いる仕組みであったように思われる。

　ところで、1974年憲法はその前文で次のように、SKJの役割と責任をあらためて定義していた。「SKJはその指導的なイ

図1 ユーゴの自主管理制度—決定のシステム—

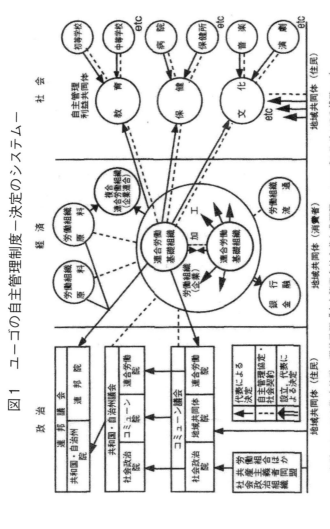

出所：カルデリ著/山崎洋・那美子訳『自主管理会社主義と非同盟—ユーゴスラヴィアの挑戦—』大月書店、236頁。

デオロギー的かつ政治的行動で、社会主義革命と社会主義的な自主管理諸関係の擁護といっそうの発展、そしてとくに社会主義的社会意識の強化をめざす政治的活動の主要な開始者であり、それに責任を負う」(第8節)。SKJ は「労働者階級とあらゆる勤労者の指導的な組織されたイデオロギー的かつ政治的勢力（同）という位置づけが憲法で与えられていた。ラシノウの表現を借りれば、「すべてを束ねる1つの環」としての党の役割が制度的に保証されていた。大衆組織である社会主義勤労人民同盟はSKJの指導を受けるものとされた。労働組合も自主管理協定や社会契約締結の発議をし、労働者階級の経済的・社会的地位にかかわる諸問題を解決するために提案をおこなうという積極的な位置づけが与えられた。カルデリは一党制を正当化し、「自主管理的利益の複数主義」を強調していた。彼によれば、ブルジョア議会政治の政治的複数主義は、人間を「政治的市民」にし、「自分の具体的な利益にかかわる決定そのものを第三者に移譲する」ことを「強制」するという理由で排除されるべきものである（カルデリ 1981, 66頁）。そして、社会主義社会において局部的利益相互の直接対立、個別利益と協同の利益の対立はもちろん存在するが、それらの利益は自主管理的民主主義の制度の下で、突き合わされ、対立・妥協・協議を通してそのつど形成される社会の多数派によって意思決定が行われるので、労働者階級をわざわざ「政治化」し、諸政党に分裂させる必要はない、というものであった。

　しかし、カルデリの議論はきわめて抽象的であった。たしかに分権化されたユーゴにあっては、ソ連型社会主義におけ

る前衛党のように、膨大な国家機構と融合・癒着・一体化して上から行政的に指導することはなかったが、それでも、唯一の政党であるSKJの役割は絶大であった。竹森（1990）も指摘するように、「人事に関する社会契約」の存在や同一人物がさまざまな「政治的ポスト」を渡り歩く事例は、この国における一種のノメンクラトゥーラの存在を推測させるに十分でであった（135-136頁）。

4　協議経済の行き過ぎ

　市場メカニズムを否定したわけではないが、1974年憲法体制の下では自主管理協定（連合労働組織が相互に締結するもの）や社会契約（前記の協定に共和国やコミューンのような社会政治共同体が関与したもの）を網の目のように張り巡らすことにより計画的な経済発展を目指すことが意図されていた。ところが、1982年初めまでに300万以上の自主管理協定や社会契約が締結され、それには約13万の自主管理組織・共同体が参加した。ヴーヨ・ヴクミルツァ（ベオグラード大学政治学部教授）によると、こうしたことが連合労働組織を市場から切り離し、経済に否定的な影響を与えた。したがって、経済の急速な非政治化が必要だ、ということになる（Milosevic 1983, str. 8-11）。

　　〈注〉
　(1)　筆者はユーゴ政府給費留学生として1978年10月から80年3月まで旧ユーゴに滞在したが、当時ベオグラード

を走っていたバスの車体には、「あなたの外貨をベオグラード銀行に」という広告が画いてあったのを記憶している。

(2) ローラ・タイソンは1980年に出版した著作の中で次のように述べている。「外部の観察者はユーゴの銀行制度が弱められ、その運営が銀行の貸出政策に対する借り手または顧客の『過度の』コントロールによって歪められてきたと結論づけるかもしれないが、近年のユーゴにおける支配的意見はほぼ正反対であって、つまり、銀行は自分が奉仕すべき企業に対してあまりにも多くの影響を与え、また企業から独立しているというものであった」(Tyson, 1980, p. 50)。筆者はタイソンと同じ見方に立つ。

第6章　経済発展と経済危機

1　発展戦略

　1970年代にユーゴがとった発展戦略は、金属製品、電気機械を中心とした加工工業の発展と共にエネルギー、原材料などの基礎的部門の発展をめざす「輸入代替工業化」であった。1971年中期計画では、基礎化学、電力、製鉄業、非鉄冶金、造船、非金属工業、石炭など資本集約的部門がより高い成長率（年率10％前後の）で発展することが見込まれていた。

　1973年の石油危機では原油価格が4倍に高騰したために貿易収支は大幅赤字を記録したが、ユーゴは日本ほど深刻な影響を受けなかった。というのは、ユーゴはイラクと友好関係にあり、イラクから安定的に石油を輸入することができたからである。むしろ1979年の第2次石油危機の方が影響が大きかったということをかつてユーゴ人から聞いたことがある。1974年の経済成長率（社会的生産物）は8.5％であいかわらず高かった。経済成長率は75年に3.6％に落ち込み、76年には3.9％にとどまった。西側諸国、とくに日本は石油危機以後の不況を乗り切るために、「減量経営」などの合理化の努力をおこなっていたが、それに対して、ユーゴは原油価格高騰の国内価格体系への跳ね返りを抑えながら、70年代後半も従来どおりエネルギー多消費型の重工業化への投資を続けた。ユーゴにしてみれば、工業化を加速しなければなら

ない事情があった。73年の石油危機以後、西欧諸国の不況に伴って帰国する出稼ぎ労働者の数が増え、74年には6万人、75年には5万人、76年には5万5,500人の労働者の純流入（帰国マイナス新規の出稼ぎ）があった。70年代末までに毎年約4万人ないし5万人の出稼ぎ労働者の純流入が続いた（Tyson 1980, p. 52）。このことは追加的雇用機会の創出への圧力として働いた。また、この時期、西側諸国は不況により資金がだぶつき、低金利であったので、ユーゴをはじめとして東欧諸国は競って外国から借入れをしながら工業化に邁進したのである。

　1979年の経済実績は非常に悪かった。輸出が1,180億ディナールで、価格上昇分を考慮すると、前年比1％程度の増加であったのに対して、輸入はほぼその倍の約2,340億ディナールであり、価格上昇分を考慮すると8.4％も増加したことになる。貿易収支の赤字は1,167億ディナール（約61億ドル）であり、前年の787億ディナール（約41億ドル）と比べて1.5倍に増加したことになる。12月26日に連邦政府首相ヴェセリン・ジュラノヴィチは連邦議会で次年度の予算案を提案して、承認を得たが、その際の趣旨説明の中で厳しい経済状況を明らかにした。累積債務は1971年には約32億ドルであったのに、1979年には約150億ドルへと膨れあがった（その後、累積債務は1983年には205億ドルに達した。人口1人当たりに換算すると、約940ドル）。対外経済政策については、国際収支赤字をまったくなくすことはできないまでも、許容できるレベル（20億ドル）にまで減らすことが次年度以降の優先課題だとし、輸出を6％増加させ、同時に輸入を抑制す

る。そして過度の消費の増大の動きを停止させることにより、消費と投資の関係を調和させる。首相はこのように述べて、経済安定化は国民に自己犠牲を要求だろう、と締めくくった（Politika紙、1979年12月27日付）。このように、1970年代後半に対外累積債務が急速に膨れ上がり、79年に支払い不能になり、経済危機が一挙に表面化したので、連邦政府は消費と投資の抑制を国民に呼びかけたのである。

　この政策転換の後、スタグフレーション（不況下のインフレ）が始まった。80年代初めに外国の債権者とリスケジューリングについて合意した後、国立銀行は国際収支を改善するために追加的措置をとった。つまり、住民の外貨貯蓄預金を国立銀行に預けるよう商業銀行に義務づけ、それの代わりに、有利な条件でディナール融資をするというものであった（Labus, 1998, p. 36）。

2　市民の日常生活

　市民の日常生活には大きな変化はなかった。筆者は1978年10月からベオグラードに滞在し、1980年3月に帰国した。その間、人びとの暮らしぶりを見ることができた。当時のユーゴの人々の働きぶりや労働条件について言えば、週休2日制で、1週42時間労働が一般的であった。1日8時間労働の場合は週5日、1日7時間労働の場合は週6日働いていた。一般の企業、官庁、学校、大学は土曜と日曜は休みである。商店やサービス業は土曜日でも閉店時間を早めるものの、開いていた。この国の人々は早起きで、朝早くから働い

ていた。朝起きたら、ほとんど食事をとらずに（多分、ヨーグルトを飲む程度で）出勤していたようである。仕事は朝6時または7時に始まる。朝9時から30分間ほど休憩時間があり、その間に軽い朝食をとり、また仕事を続ける。そして普通2時ないし3時には1日の仕事終わる（二部交代制の工場では午後2時から仕事が始まる労働者もいた）。それから帰宅して自宅でゆっくり、たっぷり昼食をとる。この国ではこの昼食がメインの食事である。その後、昼寝をする（皆がそうするわけではないが）。元気のいい若者は午後のまだ明るいうちにスポーツなどを楽しんだり、副業をしていた。西欧諸国に合わせて仕事は9時開始にしたらよいという意見もあると聞いたことがある。現在では、だいぶ変わったかもしれない。午後2時から5時までは、他人の家を訪問しない方がよいということを、私は外国語学校で教師から教わったことがある。夕方になると子供たちがあちこちから現れ、夜8時の夕食（だいたいパイと紅茶、という軽い食事）まで暗くなっても路地や公園で遊び、大人たちは夕すずみをしながらおしゃべりをしたり、散歩をしていた。長時間営業する職場もあるが、その場合は交替制でやっていた。今週は早朝出勤し、午後2時まで仕事をするとすれば、翌週は早い昼食をたべてから午後1時に出勤し、8時まで働くというぐあいに。

　年次休暇は職場によって違うが、勤続年数5年未満の労働者の場合は19日でこれが最低であり、最高は30日であった。夏になると、労働者は家族を連れてアドリア海沿岸や外国へ、しかも30日間という長さで休養をとる。労働者は比較的早く年金生活に入る。年金を受ける資格にはいくつかの条件が

あって、①男は60歳以上、女は55歳以上になれば、または、②30年以上労働すれば、③解放闘争に参加した者は、1年間のパルチザンの経験は2年分の労働とみなす、という条件のいずれかに該当すれば年金生活に入ることができた。このように早く年金生活に入ることは青年の失業問題を緩和することに多少貢献したかもしれない。これは1970年代末の状況であり、いまでは相当事情が変わっていると思われる。

　女性の職場進出もさかんであった。年とった世代には家父長的な社会的関係も見られたが、女性の力は強かった。時間的余裕が充分にあるのだから、労働者は自己を文化的に高める可能性を持っていた。正規の大学のほかに勤労者大学があちこちにあった。大学院の講義は夕方5時頃から始まった。高校の教師や新聞記者が本業のかたわら大学院で研究することができた。書店やキオスクでは西側の週刊誌が売られていた。トロツキーに関するアイザック・ドイッチャーの書物も書店で見かけた。

　以上のように、この国の労働者の労働条件はうらやましいほど恵まれていたが、反面、消費者・利用者サイドから見ると、不満を感じることがある。この国の人たちはよく「ポラーコ・ポラーコ」（ゆっくりあせらず）と言う。その言葉どおり、彼らの仕事ぶりは本当にのんびりしていた。銀行へ行っても、行員たちはタバコをくわえながら札を数えたり、ぺちゃくちゃおしゃべりをしながら、のんびり仕事をしていた。

　一番人気のあるスポーツはサッカーである。バスケットボールやテニスも人気がある。低料金でスポーツをしたり、観戦することもできた。音楽や演劇も低料金で楽しむことが

できた。この国の人々は実によく旅行をする。マイカーによるほか、バス旅行がさかんで、旅行会社がバスのツアーを企画して新聞で宣伝するので、それを利用すれば非常に安くどこへでも行けた。バスのほかは飛行機を利用した旅行が非常に多かった。連日の新聞広告は外国への団体旅行を呼びかけていた。行き先はたとえば、モロッコ、スペイン、マジョルカ島、ポルトガル、パリ、ローマ、ルーマニア、ソ連（キエフ、レニングラード、モスクワ飛行機の旅という広告もあった）、ギリシャ、等々であった。

　出入国が簡単だから気軽に外国へ行くことができた。当時、国民の出国率はカナダに次いで世界第2位だと聞いたことがある。ソ連・東欧諸国とは政府間協定があるのでユーゴ人はノー・ビザで行くことができた。西欧諸国にもノー・ビザで行くことができた。外国旅行をするためには当然外貨が必要である。ユーゴ人は合法的に外貨を所持することができた。当時、ユーゴ人の3人に1人は外貨口座を持っていると聞いたことがある。1960年代半ばより外国への出稼ぎが急増し、それに伴い、出稼ぎ労働者の外国（とくに西ドイツ）から家族への外貨送金が年々増加しており、この国の外貨獲得の重要な手段となっていた。ユーゴ人が国外へ外貨を持ち出す（一人1回に1,500ディナールまでという制限内で）さいは、外貨口座から現金を引き出したときの銀行の証明書を税関に見せればよいだけであった。

　パリやローマへの旅行は観光目的よりも買い物が目的であることが多かった。労働者の手許には相当のカネがたまるのだが、彼らの旺盛な消費意欲を満たすに値する商品は国内市

場に十分になかった。たしかに商店には物が豊富にとりそろえられていた。筆者は初めのうち、ショーウィンドーに飾ってある洋服がなかなか安いと感心したのであるが、それは筆者には見る目がないせいであった。後で数人の日本人女性に聞いたところによると、洋服はデザインが野暮ったく、センスが悪い、よいものが少ないが、たまに見つけるよいものは非常に高いとのことであった。ユーゴ人は頻繁に西側諸国を旅行するので目も肥えているのであろう。何回か団体旅行でユーゴ人と一緒に西側諸国へ旅行する機会があったが、彼らは日本人旅行者のようにガイドにくっついて名所旧跡を熱心にまわるということはなかった。ユーゴ人にとって外国旅行はなによりも彼らの消費意欲を満たす機会であった。旅行会社の方はとことん面倒を見るわけではなく、飛行機と宿の世話をするだけで、あとは基本的には自由行動に任せ、希望者にだけ選択的プログラムとしてヴァチカンやルーヴル美術館などへ案内するのであった。大部分の人たちは思い思いに買い物に出かけた。もっとも、以前にパリに来たことのある人にとっては何度もルーヴル美術館に足を運ぶ必要がないかもしれないが。

　私がベオグラードに滞在していた1年5カ月間の観察では、この国では物が比較的豊富で買い物で行列をつくることはなかった。ただ、1979年11月から12月にかけて一時期コーヒーがどこのスーパーマーケットでもなかった。コーヒーが入荷したという情報が入るとたちまちスーパーマーケットの外に数十人の行列ができた。このコーヒー不足の原因はどうやら、ユーゴはブラジルからコーヒーを輸入していたが、ブ

ラジルに対してはあまり売るものがなく、かなり輸入超過になっていてしばらくコーヒーを輸入できなかった、という事情のせいであった。

　筆者には一つのことが気になった。ユーゴの労働者たちは所得分配のさい、おうおうにしてお手盛り的に個人所得に有利に分配しがちであった。企業における蓄積率については一応ガイドラインがあったが、彼らは連邦政府やその他の指導には従わない。そして彼らは優雅に遊ぶことを知っていた。おカネはわりとたくさん持っていたが、国内市場で供給される商品には満足できず、西欧や日本の高い技術や最新のモードにあこがれていた。日本のカメラ、テレビ、ステレオ、時計などは彼らが最も欲しがるものであった。彼らは頻繁に外国旅行をしては、外国で高級品を買って、税関の目をごまかしてでも持ち込もうとしていた。しかし、モラルや政治的意識に訴えても始まらない。いかにコムニストであろうとも、粗悪で高い物よりも高級で安いものを買いたいのが人情であろう。消費者としてはそのように行動するのは当然であろう。だが、ひるがえって、彼らを生産者として見たら、どうであろう。自分たちが満足できない商品を国内市場に供給しているのもやはり自分たちユーゴ人労働者であった。その結果、国際収支が悪化することは社会全体としては困ったことであろう。次に、経済危機の原因を考えてみよう。

3　経済危機の原因

①生産手段の社会有
　旧ユーゴ独特の「社会有」は要するに、「生産手段は皆の

ものであり、誰のものでもない」というものであり、「無所有的性格」が強かった。労働者は社会有の生産手段を用いて労働する権利が憲法上保証されていたが、現実には、連合労働組織という労働集団としてこの権利を行使していた。その際の連合労働組織の義務は、占有し、利用する生産手段の価値を維持し、高めることであった。

　自主管理社会主義のユーゴでは連帯精神が旺盛であり、この「社会有」の下で、実際の経済運営においては往々にして「損失の社会化」あるいは「リスクの社会化」を招きがちであった。たとえば、赤字の連合労働組織に対して破産や解散の手続きがとられることはまれであった。その前段階で再建（Rehabilitation）のための措置が講じられた。赤字のOOURはその欠損を埋め合わせるためにいろいろな手段を持っていた。

　まず第1に、自分自身の予備ファンドで補填されるのは当然のことだが、第2に、自主管理協定で結びつけられた同一のROまたは同一のSOURの枠内で他のOOURの予備ファンドから補填された。第3に、自主管理協定によって結びつけられていなくとも、そのOOURが重要な取引相手（供給者や顧客）である場合、外部のOOURが連帯的な援助を担った。第4に、コミューンや共和国・自治州レベルにプールされたファンドから補填された。第5に、銀行から再建のための追加的融資やリスケジューリングを受けたり、場合によっては債務を棒引きしてもらった。第6に、社会政治共同体の租税やSIZ納付金の支払を延期したり、免除してもらったりしていた。

破産法はあったものの、現実に適用されることは稀で、経営状態の悪い連合労働組織に対しては地方のSKJの党組織が銀行に圧力をかけて融資をさせて救済した。赤字のOOURは1981年には1,303存在したが、このうち破産手続きがとられたのはわずかに20のOOURであり、1982年には1,277の赤字OOURのうちわずか14のOOURが破産手続きがとられただけであった。赤字のOOURでさえ投資を行っていた。このように、連合労働組織は長い間、「ソフトな予算制約」の下で行動したが、こうしたことも経済危機の原因の一つとなった。

② 「ソフトの予算制約」
　これはもともとハンガリーの経済学者ヤーノシュ・コルナイが作り出した概念である。資本主義経済では企業は「ハードな予算制約」の下で経営を強いられているのに対して、中央集権的な社会主義経済において、国営企業が倒産しないように価格を引き上げたり、追加的に資金を供給して温情主義的な国家が世話をするような状況を表現している。分権的な社会主義であった旧ユーゴでは、「ソフトな予算制約」への圧力は上級国家機関からではなく、横から来たように思われる。企業が立地するコミューンの政治組織（つまり、共産主義者同盟の議長など）はできるだけ多く投資するよう説得した。自主管理企業の投資行動を研究したウヴァリッチも、「ユーゴで過剰投資を可能にしたのはハードな予算制約の不在」であり、「投資飢餓への自発的な制約が」なかったと指摘する（Uvalic 1992, pp. 63-64）。

③経済成長と所得分配

自主管理のタテマエを強調して説明すると、自主管理企業では、労働者は企業長や専門スタッフの指揮を受けながら働くが、同時に自主管理者であるので、企業によって雇用される労働者ではない。従って、彼らの労働は費用として扱われるべきではなく、個人所得として扱われる。自主管理企業の目的は利潤の極大化ではなく、所得の極大化であった。

ユーゴを代表する経済学者ブランコ・ホルヴァートは独自の労働者自主管理企業モデルを説明している（Horvat 1975）。それによれば、新しい会計期間の初めに、労働者評議会は達成されるべき個人所得の期待水準を決める。それは前期の、あるいは標準的な個人所得（d）と今期の達成されるべき変化（Δd）——通常は追加分——からなる。この期待所得は期待売り上げ、他企業の所得、前年およびそれ以前の数年の所得、労働生産性、生活費、租税政策などの関数である。期待所得が決まると、経営陣がなすべきことは次式の残余所得を極大化することである。

$$\pi = pq - [(d + \Delta d)x + k]$$

ここでπは残余所得、pは価格、qは産出高、xは雇用労働者数、kは固定費用（減価償却費、利子、資本税、もしくはひとまとめにした租税）である。実際的目的にもかかわらず、$(d + \Delta d)$が賃金率の配分的役割を演じる。労働者が実際に獲得する個人所得（d'）は期待所得（$d + \Delta d$）とは異なり、企業の業績によって$d' \lessgtr (d + \Delta d)$となる。もし企業が損失を被る場合は$\Delta d$はマイナスになりうる。雇用

を削減する代わりに、自主管理企業はたんに d を削減する。ところが、現実には、所得の配分に際しての、一般の労働者の最大の関心事項は個人所得（賃金のこと）の額と福利厚生であり、同時に、自分たちの所得増加と企業の発展のために投資にも大いに関心を持った。理屈では、労働者が受け取る個人所得の額は、企業の業績によって目標とする予想個人所得よりも高いこともあれば、低いこともありうる。スペインのモンドラゴンの協同組合の場合、労働者（＝組合員）は不景気などのため企業の業績不振の場合には自分たちの給与の減額も甘受したのである（「補論」参照）。だが、実際には、ユーゴスラヴィアの自主管理企業では、こういうことはほとんど起きなかった。自主管理企業の業績がよいときは、労働者が実際に受け取る個人所得の額は当然のことながら、予想個人所得を上回った。だが、業績が振るわない場合でさえ、労働者たちが実際に受け取る個人所得は予想個人所得を下回ることは稀であった。企業長は労働者の希望を理解しており、企業長自身も同様の希望を持っていた[1]。そして、企業長も自分が再選されるために、あえて労働者の希望には逆らわなかった。

　この点は、1979 年から 1982 年にかけて旧ユーゴの 147 の企業を調査したヤネズ・プラシニカールの研究（Prasnikar 1983）によって裏付けられている。その結果、マクロ経済レベルでは貯蓄率は低く、たとえば、1978 年には貯蓄率は 8.17% にすぎなかった。にもかかわらず、労働者と経営スタッフの設備投資意欲は旺盛であった。その割合を超えて大規模投資が可能であったのは、投資資金の大部分を外部の資金源に見

出すことができたからである。それは国内の銀行ならびに外国の金融機関からの融資であった。

④コスト・プッシュ・インフレおよび企業の貯蓄不足

リューボ・シルツは1960年代半ばから70年代半ばにかけてのユーゴの経済雑誌『経済政策 Ekonomska Politika』を丹念に読み、分析した。どこかの企業で個人所得が通常の差異を上回って上昇すると、これはほかのすべての企業の個人所得が続くというシグナルとして受けとられたというアレクサンダール・バイトの見解を紹介したうえで、次のように論じる。労働者たちは、企業間の業績の違いにかかわりなく、類似の仕事の個人所得は等価だとみなすのが公平だと考えていた。最低所得が後に共和国・自治州やコミューンによって定められた「保証所得」として扱われると、これがインフレの重要な源になった。企業の側では利用可能な資源には限りがあり、それは固定資本を維持するのに必要とされるものには足りなかった。このように、企業は自分自身の資本を食いつぶしていた。企業は自分では粗投資のわずか3分の1しか賄えず、3分の1は銀行信用に頼らざるを得ず、残りの3分の1は政治的権威から補給された。他方、民間貯蓄はかなりあった。その一部は非生産的投資（たとえば、住宅建設）に向けられ、さらに銀行を経由して生産的投資にまわっていた。個人所得と企業貯蓄との間の所得分配に関してあるべきルールが欠如していた（Sirc 1979,pp130-137）。

⑤過度なテクノクラート批判

1974年憲法体制の確立のために動いた政治家や学者は過度にテクノクラート批判をし、より多くの労働者、とりわけブルーカラー労働者が管理と自分の労働条件と成果に関する意思決定に参加できるようにする、そのために企業よりも小さな職場（＝OOUR）で労働者が自主管理に参加できるようにすべきだと考えた。こうして、企業が再編成され、OOURが自主管理の基本的な単位となった。これはすでに述べたように、非効率なシステムだと判明した。企業長やそれを支える専門スタッフの役割や彼らの起業家精神をもっと重視すべきであった。

⑥資本市場の不在

　資本市場の代わりに、「労働と資財の連合化」が重視されたが、この仕組みは全く機能しなかった。そのため、自主管理企業は投資に際して銀行に強く依存せざるを得なかった。

⑦自主管理型銀行制度

　この銀行は、設立メンバーでもある借り手側の自主管理企業の影響下にあった。つまり、銀行は債務者の虜であった。そのうえ、銀行による融資には経済的考慮よりも政治的考慮が優先した。だから、金融規律がきわめてルーズであった。そして、中央銀行制度も極度に分権化されており、タイムリーで統一的な金融政策をとれなかった。各共和国が中央銀行を持っており、連邦レベルの中央銀行の意思決定機関である理事会は8つの共和国・自治州の中央銀行総裁によって構成されていた。そして、それぞれの中央銀行が通貨ディナールを

発行する権限を持っていた。

⑧外国の資金

　ユーゴはIMF発足時からのメンバーであったが、当初はIMFなどの国際金融機関との関係はそれほど密接ではなかった。やがて、インフラ整備に世界銀行からの借款が大きな役割を果たすようになった。1970年代に入ると、公的資金源に代わって民間の資金源がしだいに重要な役割を果たすようになった。外貨管理制度に重大な欠陥があった。グニャトヴィチによれば、1966年までは外国からの借入れは集権的に行われていた。1966年の外国との信用関係にかんする法律により、外国からの借入れは基本的には事業銀行が行うことになった。これらの銀行は自分の外貨信用基金から国内の企業に外貨信用を与えた。このような仕組みは1971年まで続き、それまでは外国の企業に対する債務はたいしたことはなかった。ところが、1972年の外国為替業務と信用業務に関する法律により、外国からの借入れの主体が企業とされたことは大いに問題であった。グニャトヴィチは、「1972年の信用制度の変更は経済システム全体の分権化の論理的帰結だとはいえ、外国で借入れを行う主体の突然の自由化は借入れ、とりわけ金融借款の急速な増大に直接的に影響を与えた」(Gnjatovic 1985, str. 147-149) と述べている。商業銀行は外国から借入れを増やす傾向にあった（Dyker 1990, p. 148)。

　比較的低かった金利が上昇すると、外国の金融機関に依存する経済運営はますます持続困難になった。1984年にユーゴで現地調査したとき、われわれに会見したユーゴ労働組合

総同盟議長のボグダーノフ＝センコ氏は自国の経済危機に言及し、アメリカのレーガン政権の高金利政策を批判していた。

⑨弱体な連邦政府

連邦政府は対外債務を充分にコントロールできなかった。筆者は2002年に来日したデイヴィド・ダイカー博士（当時、イギリスのサセックス大学教授）とユーゴの対外債務について議論したことがある。なぜ、対外債務問題についてユーゴの連邦政府がもっと早く手を打たなかったのかと私が問うと、彼は、当時、対外債務の正確な額は国家の最高の機密であり、それを把握できる立場にいたのはチトーとその周辺の人物だけだったと答えた。

このような深刻な危機から抜け出すために1981年12月、当時の連邦幹部会議長セルゲイ・クライゲルのイニシャティヴで連邦社会評議会に「連邦経済安定化問題委員会」（通称：クライゲル委員会）が設置された。この委員会は多くの専門家の協力を得て、1983年6月までに「経済安定化長期プログラム」として17の文書を発表した。連邦政府は84年に「経済安定化長期プログラム」をスタートさせたが、功を奏さず、経済危機は深まる一方であった。にもかかわらず、1974年憲法体制にはすぐにはメスが入れられなかった。1984年5月から7月にかけて2カ月間、現地調査をしたとき多くの地域、企業、研究機関などを訪問したが、物価上昇率が前よりも高くなった程度で、人々は相変わらず陽気で、生活を楽し

んでいる様子で、彼らからは危機感は感じられなかった。学者らからは「経済困難」という言葉を聞いた。1986年7月から9月にかけて2カ月間、2度目の現地調査をしたが、見たところ、以前と変わったことはなかったが、新聞やテレビの中でときおり、「経済危機」という言葉を見聞きした。一部の学者は「政治危機」という言葉を使っていた。OOURを廃止し、RO（労働組織＝企業）を重視するという企業法が制定されたのはようやく1989年になってからであった。

4　自主管理の担い手と民族・歴史

民　族

　以上の自主管理社会主義経済の説明において、私は民族間の違いを無視して、叙述してきた。というのは、旧ユーゴ連邦は多くの地域（6つの共和国と2つの自治州）からなっていたが、同じ法律や制度が適用されてきたからである。しかし、同じ法律や制度といっても、実際の運用のされ方や経済的パフォーマンスはかなり異なっていた。

　リトアニアの比較歴史社会学者のゼノナス・ノルクスはかつての社会主義諸国の体制転換後の歩みを比較検討したうえで、体制転換後の社会では、「共産主義到来以前にどの文明に属していたか、およびその発展レベルにより違いが生じる」と述べている[2]。

　かつてのユーゴは、大雑把に言って、宗教的には北のカトリックと南（バルカン）の正教とイスラムに分けられる。北のスロヴェニアは長い間ハプスブルグ帝国の支配下にあり、

クロアチアはハンガリー王国の支配下にあり、1867年の「オーストリア・ハンガリー帝国」結成以後はその支配下にあった。セルビア、モンテネグロおよびマケドニアは宗教的には正教であるが、1389年のコソボの戦いでオスマン・トルコに敗北して以来、永い間、その支配下にあった。オスマン・トルコは宗教的には比較的寛容で、税さえ払えば、住民の正教の信仰は許容された。ボスニアではカトリック教徒が多く住む地域やセルビア人が多く住む地域があるほか、ムスリムと呼ばれるイスラムを信仰する人が多く住む地域があった。ムスリムは、スラヴ系のイスラム教徒であり、外見的にはクロアチア人やセルビア人とは区別がつかない。そのほか、コソボとマケドニア西部に多くが住むアルバニア人はイスラムを信仰している。

　文化的にも北と南には大きな違いがあった。スロヴェニア人と南スラヴ人との関係について、スロヴェニアの有力な作家I・ツァンカルは1913年に次のように語った。「われわれは血では兄弟であり、言語ではいとこであるが、文化では、それは数世紀もの別々の育ち方の果実であるが、わが高地カルニオーラの農民がチロル人と親密であるほどには、お互いは親密ではない」（スロヴェニアの政治学者アントン・ベブレルの論文からの再引用）。たとえば、ダンスは、セルビア以南の人々が踊るのはバルカンのコロ（手をつないで輪になって踊る）であるのに対して、スロヴェニアでは人々が踊るのはワルツなどであり、歌もヨーデル風のものを現地で聞いた覚えがある。

　エイプリル・カーターの意見も注目に値する。彼は2つの

タイプの企業長を区別し、その違いは地域の違いに対応していたことを論じている。彼によると、ユーゴ企業の報道記事や研究は、2つの対照的なタイプのディレクター、および企業に対するディレクターの効果的な支配を達成する対応する2つの様式を示唆していた。第1の種類のディレクターは、党が権力を握った後の早い時期に主要な役職に昇格し、極端に恣意的で横柄なやり方で振舞いがちな不適任な人物の代表であり、彼らは1960年代半ばまで低開発地域または産業の後進的なセクターでより頻繁に見られた。他の極端は、自分自身の権限を確保しながら、企業内部の調和のとれた関係を保証するために西側の経営手法に頼りながら、技術的に発達し、成長しつつある企業の洗練されたディレクターであった。第1の種類のディレクターは、しばしば自分の政策または行動について党役員の支持を得ていたように見えるが、若干の場合、自分の気まぐれ［恣意性］は党との公然たる対立をもたらしたという（Carter 1982,pp.230-231）。

スロヴェニアの「渓谷共同体」

筆者は、リュブリアナ大学経済学部の教授マルコ・ヤクリッチらの論文から、「ビジネス・システム」という概念を学んだ。この概念は一般にはなじみがない。これは、イギリスの組織社会学の専門家リチャード・ホイットレイらの研究グループがキー概念として用いているもので、「経済的調整とコントロールの諸形態」を指す。レギュラシオン学派が言う調整様式はマクロ経済的な調整の様式を指すのに対して、ホィットレイらの研究グループが言う「経済的調整とコントロール」

はメゾ(マクロとミクロの中間)・レベルの調整とコントロールを指しているようである。[5]

　筆者は経済分析において制度を重視するが、そのさい、クリステンセンとヤクリッチのように、制度を「背景の制度」(background institutions)と「目の前の制度」(proximate institutions)の2つに分けて見ることが有益だと考える。彼らは、スロヴェニアで市場経済移行が比較的うまくいった理由を社会的結束に求めており、この社会的結束は、農村共同体と工業企業との間の緊密な関係の結果だと見ている(Kristensen and Jaklic 1998)。彼らは、農村共同体と工業企業が協力して活動している地域(localities)の代わりに、「渓谷共同体」[6]("Valley communities")という概念を用いるよう提起している。彼らは、スロヴェニアのおける多くの地域が必ずしも渓谷にはないにもかかわらず、「渓谷共同体」を用いるが、それは、「スロヴェニアの絶え間ない地政学的状況はアルプスによって構成されてきたので、一つのパターンとしての内的な社会的結束と相互の対抗関係は遠い昔に根ざしていると考える」(ibid pp. 5-6)からだと言い、これを「背景の制度」と考えている。これに対して、政治・経済体制は「目の前の制度」となる。

　ヤクリッチらの研究によると、1945年に権力を掌握した後、共産主義者たちもまた伝統的なビジネス・システムの本質に挑戦しなかった。彼らは反対に、「渓谷共同体」を残し、工業化をそれらのニーズに合わせて作ることによって、自分の支配を正当化した。第二次大戦後、パルチザンのネットワークが中心的な役割を果たした。「パルチザン経営者」は、そ

の工場が「渓谷共同体」のために生み出している経済的繁栄のレベルについて地域の仲間によって、そして主として大衆の感情を重視する党によって評価された。パルチザン経営者たちは、相互扶助と互恵性に基づいて機能する緊密なネットワークを形成したが、それは自分のビジネスを発展させ、困難を克服するのを互いに助けたことを意味した。「(ユーゴでは) 配分の政治は、伝達された計画によって導かれるプロセスであるよりもはるかにかつてのパルチザンのネットワーク内部のギブ・アンド・テークのゲームであった。地域の相互援助と互恵のルールはパルチザンの間の相互援助と互恵のシステムによって規制された」(Krstensen and Jaklic 1998, p.11)。

　パルチザンたちは経営者だけでなく、新しい国家の建設者として行動した。クリステンセンとヤクリッチは、年配のパルチザンの自伝を引用しながら、次のような非常に興味深い事実を紹介している。スロヴェニア地域安全保障庁(Slovenian Regional Security Agency) の経済的基盤を確保するために、安全保障庁の内部に経済発展部 (Economic Development Department) を設立した。経済発展部は「渓谷」に多くの企業を設立した。「集団的に、この部は製品、生産プロセス等についての情報——外国技術の急速で成功的な模倣をスロヴェニアにおいて可能にするような——を収集するために国内および国際的な諜報の資源を利用することができた」(ibid, p. 12)。もうひとつ興味深い点は、スロヴェニアのパルチザンたちは、「彼らがベオグラードからの資本配分とは独立するように意図的に努力したことであった」。その手段は銀行であり、1950 年代末には、スロヴェニア開発銀行が設立さ

れた (ibid, p. 13)。

5 経済危機から民族紛争、そして連邦解体へ

経済危機と民族紛争

経済が右肩上がりで発展しているうちは民族紛争は表面化しなかった。見たところ、諸民族は仲良く一緒に暮らしているように見えた。だが、1980年代に経済危機が起き、しかも長引くうちに対立が表面化した。最初の大きな出来事はコソボ問題であった。

コソボ問題

旧ユーゴのセルビア共和国のコソボ自治州にはアルバニア人が多く住む（1990年に約90％）。セルビア人にとってコソボはセルビア王国揺籃の地である。セルビア人は、オスマン・トルコの進出と共にアルバニア人がやって来て住み着いたと理解する。しかし、アルバニア人の言い分は違う。セルビア人が来る前に、イリリア人（アルバニア人はその末裔）が住んでいたと主張する。コソボの人口（約200万人）はモンテネグロ共和国のそれ（60万人）を上回るにもかかわらず、コソボは自治州の地位にとどめられた。セルビア人は、コソボに共和国の地位を与えると、コソボのアルバニア人は次にアルバニアとの併合を要求するのではないかと恐れたのである。第2次世界大戦以後の時期だけをとってコソボを概観すると、アルバニア人は1950年代および60年代には冷遇されたと言える。1974年憲法体制は、アルバニア人の待遇を改善

するため自治州に共和国並みの権限を与えた。だが、彼らの経済的不満、およびコソボを自治州から共和国へ昇格させよという願望は残った。

　1981年3月と4月、コソボで暴動が起きた。背景に高い失業率や共和国への昇格要求、等があった。暴動は鎮圧されたが、アルバニア人の不満は鬱積した。80年代前半、アルバニア人による暴力や嫌がらせのため、数万のスラヴ系少数派（セルビア人、モンテネグロ人）がコソボから逃れた。セルビア人の間ではコソボがセルビア共和国の一部でありながら、セルビア人同胞を直接に保護できないことに対するいら立ちが強まった。

　民族間の憎悪を煽る演説や行動は1974年憲法によって厳しく禁じられていたにもかかわらず、人々にセルビア民族主義を煽って権力を掌握したのがスロボーダン・ミロシェヴィチであった。1987年4月24日、彼はプリシュティナ（コソボの首都）を訪問した。そこでセルビア人デモ隊と、警察権を持ち棍棒で規制するアルバニア人警官隊が衝突する場面を目撃した彼はセルビア人デモ隊に向かって、「もう二度と誰にも諸君たちを殴らせない！」と叫んだ。意外にも、このパフォーマンスが大受けした。彼は、「民族」というものを政治的に用い始め、1988年には「反官僚主義革命」を推進した。実際に行ったことはチトー体制の否定であった。憲法改正の討論の中で、セルビア共和国は自治州の権限を縮小し、警察や司法の分野で共和国政府が自治州に介入できるよう提案した。これに対しては、ヴォイヴォディナ自治州指導部もコソボ自治州指導部が強く反対した。ヴォイヴォディナの州都ノ

ヴィ・サドを始め、各地でスラヴ系住民支援集会が開催された。実は、これはミロシェヴィチが動員したものであった。ヴォイヴォディナの党指導部やモンテネグロの内閣は総辞職を余儀なくされ、その後に、ミロシェヴィチを支持する人たちが指導部に入った。コソボでは「チトー主義者」の党幹部（アルバニア人）が解任された。1988年11月、セルビア共和国憲法が修正され、自治州の権限は大幅に縮小された。反対するアルバニア人は弾圧された。コソボでは共産主義者同盟は完全に崩壊した。

　ユーゴは6つの共和国で構成されたが、1974年憲法体制の下ではセルビア共和国内の2つの自治州も共和国と同格とされ（違うのは、連邦議会に送る議員の数だけであった）、連邦幹部会（集団大統領制）にその幹部を送ることができた。連邦政府首相、労働組合総同盟議長などの連邦レベルの要職も各共和国・自治州のローテーションで決まることになっていた。ミロシェヴィチ主導の「反官僚主義革命」の結果、連邦幹部会の8人のメンバーのうち4人（セルビア、モンテネグロ、ヴォイヴォディナ、コソボ）がミロシェヴィチ支持者になった。

　連邦内でのセルビアの相対的な地位向上に対して、クロアチアとスロヴェニアは反発した。以前は、スロヴェニアはそれまでクロアチアとセルビアが対立したときにはつねに調停者的役割を果たしてきただけに、スロヴェニアの反発は深刻な意味をもった。スロヴェニアは1989年9月、共和国憲法を改正し、連邦離脱権を明記した。スロヴェニアとセルビア共和国との間に緊張が高まった。セルビアはスロヴェニアに対して国交断絶をし、スロヴェニア製品の輸入のボイコット

を国民に呼びかけた。一つの国の中の県と県との間では絶対にありえないが、国家連合に近い連邦国家のユーゴスラヴィアでは実際にそういうことがあったのである。2ヵ月後、連邦政府の首相の仲介でようやくおさまった。

　分権的なユーゴ連邦を束ねていたのはユーゴ共産主義者同盟であったが、権威を喪失し、1990年1月に分裂した。こうして複数政党制に移行し、1990年4月から12月にかけて各共和国で次々に自由選挙が実施された。すべての共和国で民族主義的な政党が勝利し、遠心力が強まった。セルビアとモンテネグロでは共産主義者同盟とその統一戦線組織が合併してできた社会民主党が勝利したが、この政党自身民族主義的傾向の強い政党になっていた。

　スロヴェニアでは1990年4月に最初の自由選挙が実施された。反体制の立場の7政党が結成した連合体デモスが得票率58％を得て議会の絶対多数を得た。民主再生党と名称変更したそれまでの支配政党スロヴェニア共産主義者同盟は、得票率は14％にとどまったが、個別の政党としては最大の議席を獲得した。選挙の結果、デモスの連立政権が発足した。初代大統領には「社会民主主義的な共産主義者」のミラン・クーチャン（彼はスロヴェニアのかつての指導者スタネ・カフチッチを尊敬していた）が選出された。こうして、非共産党政権と、かつての共産主義者の大統領とのコアビタシオン（同棲）が始まった。同年12月、スロヴェニアの独立に関する意思を問う国民投票が実施され、投票した人の88.5％が独立を支持した。

危機から連邦の分解へ

 セルビアのリーダー、スロボーダン・ミロシェヴィチは経済危機克服のため、連邦の権限強化の必要性を説いた。北の共和国は反発した。1991年初めから春、共和国首脳の会談が頻繁に開催された。南の共和国は国家連合を提案した。91年6月、アメリカのベーカー国務長官のユーゴ訪問し、連邦の維持を支持した。しかし、ドイツ政府、とくにゲンシャー外相はドイツ統一（1990年10月）を実現したばかりで、民族自決権を優先し、多民族国家ユーゴにこの原則を適用した。また、バチカン（法王庁）も「承認プロセスのリーダーになるという前例のない行動をとりだしていた」（岩田、1999, 156頁）。1991年6月25日、クロアチアとスロヴェニアは独立を宣言した。とくにスロヴェニアは即日、実行に移した（つまり、国境検問と税関の設置）。これに対して、連邦軍が介入し、スロヴェニア領土防衛隊(7)が抵抗した。連邦軍からクロアチアやスロヴェニア出身の兵士が次々に離脱した。やがて連邦軍は事実上セルビアの軍隊の様相を呈した。EU（当時はEC）3ヵ国の外相が調停に入り、宣言の実施の3ヵ月停止を提案して、戦闘は3日間で終了した。3ヵ月後の91年9月末になると、戦闘の焦点はクロアチアに移っており、スロヴェニアは独立をあっさり実現することができた。

 91年12月15日、ドイツ政府はスロヴェニアとクロアチアを国家として承認した。ところで、ECユーゴ和平会議の下にEC加盟の5ヵ国の憲法裁判所所長からなる調停委員会（委員長の名前をとって、バダンテール委員会と呼ばれた）が設

置されていた。旧ユーゴ構成共和国のうち、セルビアとモンテネグロを除く4共和国が独立の承認を申請した。92年1月11日、バダンテール委員会は、スロヴェニアについては即時承認の要件を満たしていると勧告した。しかし、クロアチアについては、同委員会は、クロアチア政府の少数民族に対する配慮が足りないと判断して即時承認を見送り、憲法に少数民族保護を規定すべしと勧告した。ところが、1月15日、残りのEC加盟国は、即時承認の要件を満たしていたマケドニアを承認せず、要件を満たしていないクロアチアをスロヴェニアと共に承認した。というのも、ドイツが早々と承認の決定をしており、反対すれば、ECとしての一体性が維持できなくなるため、同調することを余儀なくされたからである。

6 連邦分解の理由

第1に、国際環境の激変が挙げられる。歴史的に見ると、数世紀にわたって、旧ユーゴの諸民族は北の大国であるハプスブルグ帝国、そして、南の大国であるオスマン・トルコに挟まれ、それらの支配を受けてきた。ようやく第一次世界大戦が終わった1918年に南スラヴの諸民族はこれらの大国の支配を抜け出すために一つの国「ユーゴスラヴィア」(南スラヴの国) を結成したのである。1991年12月、ソ連邦が解体した。社会主義国だとはいえ、ユーゴにとってソ連は仮想敵国であった。そのソ連介入の脅威が消滅したのである。第二次世界大戦終了時までは、大きな脅威であったドイツとイ

タリアももはや脅威ではなくなった。むしろ両国とは戦後、友好的な関係を維持してきた。そのうえ、1980年代末にヨーロッパ統合が大きく前進したので、ユーゴの北の2つの共和国は統合の流れに乗ることを希望するようになった。また、南に存在するトルコはいまでは親欧米の国になり、脅威ではなくなった。

　第2に、一党制の問題。連邦政府は大きな権限を持たず、代わりにSKJが諸民族を束ねていた。かつては、国民からの圧倒的支持を受けていたSKJだが、それとその統一戦線組織である社会主義勤労者同盟だけでは、複雑多様化した国民の利害や関心をまとめることは困難であった。最高幹部の一人だったミロヴァン・ジラス（1911～1995年）は1950年代に著書『新たな階級』で複数政党制の必要性を提起したが、失脚し、投獄された。(8) 連邦が存続するためには、もっと早く複数政党制に移行すべきであり、共和国を横断して組織される全国政党が必要であった。あるいはまた、次のように考えることもできよう。もっと早い時期に、各共和国が独立したうえで、緩やかな国家連合として再編成されるべきであったかもしれない。

　第3に、第二次世界大戦の記憶（外国による侵略、それに対して共に戦った）が薄れた。センサス（国勢調査）でどの民族に属するかを記す項目があったが、これは自主申告による。戦後間もない時期には、「ユーゴスラヴィア人」と答える人の割合はかなり高かった。これは、諸民族を超越したユーゴスラヴィア人を創造しようとする共産主義者のかつての夢を反映した民族区分で、かつては数％もあった。またセルビア

人がクロアチア人と結婚する事例も多く、生まれた子供を「ユーゴスラヴィア人」と呼ぶ事例も多かった。戦後数十年も経ち、「ユーゴスラヴィア市民」意識がしだいに低下していった。

　第4に、1979年末に表面化した経済危機があまりにも長く続いた。経済安定長期プログラム（1984年に実施）など、危機克服の努力がなされてきたにもかかわらず、経済危機は深まる一方で、民族間対立・共和国間対立などを引き起こし、それはやがて政治危機へと転化した。こうして、諸民族を束ねてきたユーゴ共産主義者同盟（SKJ）の権威が低下していった。とくに1991年1月にハイパーインフレを克服するためIMFが推奨し、連邦政府が実施したショック療法はインフレを鎮静化させたものの、経済に与えた打撃は激しかった。他の東欧諸国でも同様の政策を実施し、同様に、GDPの大幅下落や失業率上昇など、大きな打撃を受けたが、何とか持ちこたえることができた。たとえば、ポーランドでは、国民の間で強い影響力をもつカトリック教会や「連帯」指導者のワレサの存在により、危機に際して国民は結束を保つことができた。しかし、ユーゴは宗教的にはバラバラであり、そしてもはやチトーは存在しなかった。SKJにはもはやユーゴの諸民族をまとめる力がなかった。

　第5に、国際社会が外から分解を加速した。将来の国家形態をめぐり、1991年1月より共和国首脳による国内サミットが何度も開かれた。スロヴェニアとクロアチアは分離独立もしくは国家連合を主張したのに対して、セルビアは連邦制の維持を主張し、双方の主張は平行線をたどるばかりであっ

た。双方の最大公約数は国家連合であり、国際社会（とりわけ、欧米）はその方向でバックアップすべきであった。しかし、前述のように、ドイツ、オーストリア、そしてヴァチカンが北の２つの共和国の独立支持の方向で動き、ユーゴ連邦の分解を外から加速した。

7　旧ユーゴを構成した共和国、その後の歩み

ボスニア戦争

　これは1992年４月（国連での国家承認直後）に勃発し、95年10月（デイトン合意）まで続いた。ボスニアでは、平和なときはセルビア人、クロアチア人、ムスリム（スラヴ系イスラム教徒）が仲よく共存していた。３つの民族が微妙なバランスを保っていた。このバランスはユーゴ連邦の存在を前提としていた。前年（1991年）末のドイツをはじめとするEU諸国によるスロヴェニア、クロアチアの承認がそのバランスを崩した。ムスリムは独立に向けて動いた。とはいえ、ボスニアにおけるムスリムとセルビア人の衝突をギリギリまで回避しようとする努力もあった。ズルフィカルパシッチというムスリムの政治家がいた。かつて共産主義者としてチトーらと共にパルチザン闘争を行い、戦後イタリアに亡命し、その後スイスでビジネスに成功した人物であるが、彼はセルビア人勢力と交渉を重ね、1992年７月13日に戦争回避のために両勢力は協力するという合意文書をまとめた。この知らせを聞いた両勢力は安堵し、大きな喜びに包まれた。ところが、合意文書に調印する予定の７月14日になって、ムスリム勢

力の最高指導者イゼトベゴヴィチが署名を拒否し、事態は暗転した。彼は国際的なイスラム勢力およびアメリカからの支援をあてにして勝算ありと判断したのである。こうして、ボスニアでの民族紛争は泥沼化したのである。[9]

コソボ戦争

1999年3月から6月、NATOは、コソボでのアルバニア人の迫害を理由に、セルビアを空爆した。しかし、これは「セルビアの治安部隊によるコソボのアルバニア人の迫害」というような単純な問題ではない。その前段階で、95年頃から独立への動きが活発化した。

アルバニア人の間の2つの勢力が存在した。一つは、イブラヒム・ルゴヴァが率いる非暴力抵抗路線、もう一つはKLA（コソボ解放軍）の武力解放路線であった。ハワード・クラーク（Clark, 2000）によると、コソボ、とくに農村部は家父長的な社会で、伝統的に、「血の復讐」という慣習が続いていた（「血の復讐」はアルバニアの北部およびそれに隣接するコソボで残っていた）。これを終わらせようとする最初の近代的な運動は自主管理と共にやってきた。ルゴヴァのLDK（コソボ民主同盟）はこの路線を実践した。警察の挑発には乗らないことを申し合わせた。彼らは、非暴力の抵抗運動によって統治の実績を積み上げていき、他の共和国や国際世論を味方につけた方が得策だと考え、公式の機構と並行する教育、医療、徴税などの分野の機構を作る努力を続けた。ところが、国際世論はボスニアの民族紛争に目を奪われ、コソボにおける非暴力抵抗運動にはほとんど注意を払わなかった。

KLA は 1993 年に成立した。チョムスキー（2002）によると、彼らの中からはボスニア戦争に義勇兵として参加した者もいた。欧米がコソボのアルバニア人の「平和的な市民の抗議」を無視し、支援しなかったことに失望した人々は、自由は戦いとらなければならないと考え、しだいに攻撃的な戦略を支持するようになった。しだいに、KLA への支持が強まる。セルビアの治安部隊との衝突が繰り返される。97 年 2 月、セルビアの治安部隊に殺されたアルバニア人教師の葬儀の際、KLA は大衆の前に初めて姿を現した。98 年 9 月までに KLA はコソボの国土の 4 割を押さえた。

　98 年 2 月ごろまでは、アメリカ政府は当初、KLA をテロリストと見なしていた。やがて、アメリカ政府は方針を転換し、KLA を支持するようになった。98 年 5 月 8 日、EU 外相理事会が NATO の軍事介入を要請した。明らかに、この頃、アメリカ政府は新ユーゴ（セルビアとモンテネグロで構成）のミロシェヴィチ体制打破に乗り出したと考えられる。99 年 1 月、ユーゴ和平の連絡調整グループは、コソボ和平実現を求める最後通牒をユーゴ当局に突きつけ、ユーゴとコソボの代表をパリ郊外のランブイエに召喚した。同年 2 月、ランブイエ会談が始まった。セルビア代表団は、ユーゴ和平グループの提案を原則的に受け入れたが、コソボ側の態度がまとまらず、調整グループは彼らの説得に手間取っていた。ランブイエ和平会談の交渉期限切れ直前の 2 月 22 日午後 7 時にアメリカとイギリスは追加提案（付記 B）をした。その内容は、NATO 軍が強大な治外法権を持ち、コソボだけでなく新ユーゴ全域に自由に展開できるというもので、新ユーゴ側にとっ

てとうてい受け入れられるものではなかった。3月15日に再開された会談では、新ユーゴ側は、「コソボの広範にわたる自治をめぐる政治的合意へ向けた」交渉を国連とOSCE（欧州安全保障機構）が支援するよう要請し、さらに、「ランブイエで受け入れる予定の合意を実行に移すために必要なコソボにおける国際的監視の範囲と性格について議論する」ことに同意すると述べ、政治面では大幅な譲歩の姿勢を見せた。会談では、新ユーゴ側と連絡調整グループ、とりわけ米英の主張は軍事面で隔たりがあまりにも大きく、新ユーゴ側は調印を拒否した。連絡調整グループはコソボ側とだけ文書に調印した。

　3月24日にセルビアに対するNATOの空爆が始まり、78日間続いた。爆撃対象は当初、ユーゴ軍・治安部隊の軍備・施設であったが、やがて市民の生活基盤にも及んだ。コソボだけでなく、遠く離れたヴォイヴォディナ自治州やセルビアの首都ベオグラード、そして地方都市も爆撃された。NATO軍機は1万5000フィート上空から爆弾を投下したが、誤爆も起きた。5月7日には中国大使館が誤爆され、死傷者が出た。空爆によるセルビア側の死者は約5000人とNATOは推定している。新ユーゴ政府によると、20件の誤爆で民間人2000人が犠牲になった。空爆開始以前にはセルビア国内ではミロシェヴィチに対する反対勢力の活動も高まっていた。しかし、いかに反対であっても、外国からの攻撃に際しては、セルビア国民は時の政権を擁護せざるを得ない。NATOの空爆がかえってミロシェヴィチの立場を強め、2000年10月まで政権にとどまるのを可能にしたのである。

ミロシェヴィチの退陣後、セルビアは国際社会に復帰した。2008年2月17日、コソボ自治州議会は、セルビアの反対を押し切って独立を宣言した。同年6月18日、アメリカ政府はコソボを承認し、翌日、英仏政府もコソボの独立を承認した。ドイツはすでに2月に承認していた。しかし、国内に少数民族問題をかかえるスペイン、キプロス、スロヴァキア、ルーマニア、ギリシャはコソボを承認せず、EU諸国の対応は分かれた。

　セルビアは2009年にEUに加盟を申請し、2013年3月、コソボとの関係改善を条件に正式に加盟候補国と認められ、同年、加盟交渉が始まった。なお、モンテネグロは2006年にセルビアとの国家連合を解消して独立し、2011年以来、EUと加盟交渉を続けている。コソボは潜在的加盟候補国の地位にある。セルビアのEUとの加盟交渉は、コソボとの関係改善が難航しているので、進んでいない。

スロヴェニア

　この国は比較的わずかな人的犠牲を払っただけで1991年6月にユーゴ連邦共和国から離脱した。その後、この国は急速に経済の復興と発展を遂げた。この国は旧ユーゴの自主管理社会主義の下でうまく振舞ったと言えるだろう。盛田常夫は著書『体制転換の政治経済社会学』(2020年)で「西欧諸国から切り離された40年の間、中・東欧諸国やソ連では商品開発のインセンティヴが消滅した」(46頁)と述べているが、この説明はスロヴェニアにはあてはまらない。1965年の経済改革は重要な意義を持っていた。これにより、旧ユーゴは

世界経済に組み入れられ、西側企業との合弁も可能になった。西側企業の資本を受入れ、最もどん欲にその技術と経営手法を学び、成功したのがスロヴェニアであった。たとえば、コレクトール社はイドリア渓谷にある整流子を生産する小さな企業であったが、西ドイツの企業と提携し、その技術を吸収した。その後も技術力をたえず高め、外国市場に進出し、2000年代には対外FDI（外国直接投資）を行い、ニッチ分野ではあるが多国籍企業へと進化した（小山 2017を参照）。この国は体制転換後も旧ユーゴ時代の自主管理のプラス面を受け継いだと言える。労働組合の動員力は強く、独立後の経済危機の時期に労働組合代表は政府や経営者側と協議し、危機を乗り切った。政労使の合意の仕組みは北欧に類似したネオ・コーポラティズムと呼ばれる。低いジニ係数が示すように、この国では社会福祉が比較的充実しており、所得格差は非常に小さい。2004年にEU加盟を実現し、2007年にはユーロを導入した。

クロアチア

この国は連邦からの独立後もボスニアでの民族紛争に巻き込まれ、消耗した。強烈な民族主義者のトゥジマン大統領は旧ユーゴ時代の自主管理の遺産を全否定した。偏狭な民族主義のため、国際的孤立を招き、EUとの加盟交渉も遅れた。トゥジマンの死後、加盟交渉が進み、ようやく2013年にEU加盟を実現し、2023年1月にユーロを導入した。クロアチアはヨーロッパ有数の造船国であった。しかし、船舶に関しては、EU全体では過剰生産能力を持つことになるの

で、クロアチアは加盟に際して生産能力の大幅縮小を強いられた。この国は造船分野で持つ技術力をほかの分野で活かすことが求められている。また、この国は温暖で風光明媚なアドリア海岸を持ち、外国からの観光客も多く、外貨を稼ぐことができるという点で、ギリシャに似ている。ギリシャは2009年に多額の財政赤字と対外債務が発覚したことにより、EUから緊縮政策を押しつけられ、2010年代に政治的混乱が続いた。クロアチアは「第二のギリシャ」にならないような努力が求められている。

西バルカン

セルビア、モンテネグロ、マケドニア、ボスニア・ヘルツェゴヴィナ、コソボはEUによって西バルカンという具合にグルーピングされている。みなEU加盟をめざしている。これらのうちコソボを除く国々は加盟候補国であり、すでに欧州委員会との加盟交渉を始めたが、正式加盟までには相当時間がかかるものと思われる。マケドニアについては、ギリシャが自国内にもマケドニア人が住んでおり、マケドニアが独立したときに大マケドニア国家形成の野望を持つのではと警戒し、以来、EU加盟に反対の姿勢を示した。EUの仲介で交渉した結果、2019年に新たな国名「北マケドニア」で妥協が成立したので、ようやく、この国はEU加盟に向けてギリシャの支援を受けることができるようになった。

〈注〉
(1) 岩田（1985）は次のように説明している。「労働集団の

メンバーは職場で働く労働者であり、かつ家庭では生活を楽しむ消費者である。労働者としては、できる限り最新式の設備を用い、高生産性と高品質を達成したい。生活者としては最新式のカラーテレビを買ったり、ファーストハウス、あるいはセカンドハウスをたてたい。各人がいわば生産者・技術者の魂と消費者・生活者の魂を兼ね備えている。もちろん、おそらく、企業長や技師長などユーゴスラヴィアでいわゆる指導職（日本の管理職）は、職責上、第一の魂に従って発言することがより多いし、ヒラの事務職や現場の労働者の多くは、第二の魂に従って要求することがより頻繁であろう。けれども、両者とも二つの魂を共有しているのである」(41-42頁)。ここで岩田は、消費と投資の同時膨張について巧みな説明をしている。

(2) ①官僚制的＝権威主義的な共産主義の国々。チェコや東独のように、共産主義が移植される前に社会的、文化的、政治的に近代的であった国々ではこのタイプの共産主義になった。②民族的共産主義の国々。社会における反対分子を権威主義的な共産主義諸国ほど情け容赦なく抑圧はせず、彼らが政治的に受動的な立場に甘んじるならば、何らかの市民権を保証し、社会生活のすべての領域を全面的にコントロールすることは差し控えた。民族的遺産と結びついた領域は残され、「民俗的文化」の普及促進がなされた。ハンガリー、スロヴェニア、クロアチアがその例であり、ポーランドは①と②の混合である。③家父長的共産主義。これに該当するのは、旧ソ連のうち、バルト三国を除くすべての共和国、そしてブルガリアとルーマニアである。ノルクスは、セルビア、モンテネグ

第6章　経済発展と経済危機　*147*

ロ、マケドニアには言及していないが、バルカンのブルガリアとルーマニアと同様に考えていると思われる。

(3) Jaklic, Zagorsek and Hribernik (2009); Kristensen and Jaklic (1997); Whitley, Jaklic and Hocevar (1998); Czaban and Jaklic (1998).

(4) 「レギュラシオン」（調整）という概念を基軸にして、制度的調整を重視して資本主義の多様性や可変性を分析する学派で、代表的な学者はフランスのロベール・ボワイエなど。

(5) ホイットレイによると、資本の提供者と資本の使用者との関係（資本所有者が経営に直接関与 vs. 信頼するエージェントへの委任）、生産チェーン内部の企業関係（純粋な市場的契約 vs. 繰り返される特定の相手との協力的なコネクション）、競争相手との関係（敵対的でゼロ・サム的な関係 vs.R & D、訓練および労働組合との交渉のような多くの事柄をめぐる協力）、雇い主と従業員との関係（敵対的でゼロ・サム的な関係 vs. 相互依存的な関係）、等によって、さまざまなビジネス・システムが形成される。ビジネス・システムの成立は「経路依存性」を大いに反映している。ビジネス・システムは体制転換にかかわりなく、かなり長期に継続するようである。

(6) Valley は、コレクトール社が立地するイドリア渓谷を別にすると、日本で見られる川の両側が切り立った谷ではなく、もっとなだらかな盆地と理解した方がよい。ここでは、Valley を「渓谷」と訳しておく。

(7) 領土防衛隊は、1968 年におけるワルシャワ条約機構軍によるチェコスロヴァキアへの軍事介入を契機に、全人民防衛の思想に基づいて導入されたもので、地域住民や

職場の労働者がいざという場合に武器を取って守るという組織である。もちろん、彼らが装備する武器は貧弱であるが、まず敵の侵略に対応したうえで、本格的に武器を装備し、訓練をつんだ連邦軍が敵を撃退するという二段構えの防衛システムをユーゴは持っていた。スロヴェニアの巧妙な戦いぶりについては、小山（2018）、66-68頁を参照。

(8) ジラスは何度か釈放と投獄を繰り返したが、1967年末に最終的に釈放され、その後は普通の市民生活を送った。私はユーゴ留学中（1978年10月〜1980年3月）のある日、書店で人名録を見つけた。Milovan Djilas を探してみたら、彼の名前と住所が記載されていた。

(9) この辺の事情は岩田（1999）、第5章と第6章に詳しい。

(10) たとえば2015年のジニ係数はリトアニアでは37.9、スロヴェニアでは25.4、ノルウェーでは23.9であった。ジニ係数の値が小さければ小さいほど、その国では格差が小さく、ジニ係数が大きければ、その国の格差は大きい。データの出所は、Eurostat および World Data Atlas (https://knoema.com/altas/Slovenia/Gini-index)

補論　モンドラゴンの経験が教えること

はじめに

　旧ユーゴの自主管理は破綻した。国全体を自主管理の原理で動かそうとする試みには無理があったが、地域や企業レベルでの自主管理は可能である。このことを例証するのがスペインのモンドラゴンである。モンドラゴン協同組合は単一の協同組合ではなく、95の協同組合の連合体である。その中で大きな割合を占めているのは生産協同組合である。生産協同組合と言えば、かつてのソ連のコルホーズ（集団農場）も農業分野の生産協同組合であった。とはいえ、コルホーズの場合、表向き、コルホーズの幹部はコルホーズ総会で選出されることになっていたが、実際には上級機関によって任命されるのに等しく、ソ連共産党の方針や指令に従って動いていた。これとは違い、モンドラゴンの場合、協同組合は組合員である労働者が出資しており、彼らの意思が尊重されている。以下、モンドラゴンの経験を見てみよう。

1　モンドラゴン

　スペインのバスク地方の渓谷では鉄鉱石がとれる。早くから製鉄業が盛んになり、山中の小さな工業都市が発展してきた。「概して山がちで湿気が高い。歴史的にみてみると、バ

スク人はおおむね恵まれない地形の中で牧羊と農耕で辛くも生計を立ててきたが、すでに早くから航海、造船、鉄鉱石採掘、鉄鋼加工業に進出していた。早くも14世紀にはバスクの沿岸都市は造船業におけるスペインの中心となり、18世紀までその重要性を維持した。造船業が衰退していくと、鉄鋼業が引き続いて発展していった。有名なトレドの剣の原料となる鉄鋼は、モンドラゴンのそばの鉱山と製作所から運び込まれた」(ホワイト、12頁)。現在、モンドラゴンは人口2万2000人の町である。モンドラゴン・グループの協同組合はこの町だけでなく、近隣の多くの町に分散している。

カトリックの神父アリスメンディアリエタ (1905-1973年) が果たした役割が重要であった。彼は1941年にバスクの教会に副使祭として派遣された。人民戦線内閣に対するフランコ将軍の反乱で始まったスペイン内乱 (1936年7月〜39年3月) が終わったばかりで、多くの人々が殺され、国土は荒れ果てていた。モンドラゴンはもともと、「労働者階級の町であった。少数の家族が上流階級を形成し、中産階級は小売商人、専門的職業人や官庁の役人といった非常に小さな集団によって構成されていた」(ホワイト、32頁)。アリスメンディアリエタが着任したとき、この町もすっかり荒廃し、貧困化していた。中産階級は事実上いなくなり、多くの孤児がいた。彼は地域の若者の教育に力を入れた。

当時、教会はある程度の自主性を維持した。とくに政府の許可を得たものを除いては、フランコ時代には公の集会はすべて禁止されていた。カトリック教会が、労働組合や協同組合に共感する人々が討論や組織的な集会を開く避難所となる

唯一の場となっていた。労働組合や民主主義に感情的な支持をよせるアリスメンディアリエタは個人的な危険を冒しながらも、生まれつつある反対派ないしは自主的な諸組織を育成し、指導することができた。彼は1943年に若者のための職業訓練学校を作った。生徒は午前は工場で働き、午後はこの学校で学んだ。アリスメンディアリエタ自身は宗教と社会学を教えた。社会学では労働と資本の対立や私企業の改革について、さらには自主管理と労働者の所有参加についての議論に焦点があてられたという（ホワイト、39頁）。彼が説教や書き物のなかで強調したことは、労働は罰としてではなく自己表現の手段としてみなされるべきである、ということであり、いかなる労働にも尊厳がなければならない、ということであった。彼は協同と集団的連帯を説き、そして技術上の知識と能力のための教育の重要性を社会的構想と結びつけた[1]（同、35頁）。

　5人の優れた卒業生はモンドラゴンに以前からあった鋳物工場に入りながら、その工場の内部から改革を試みたが失敗した（佐藤編著、21-22頁）。企業の設立には国家の認可が必要であった。鋳造所の設立申請は無視された。1955年末、ビットリアの私企業が倒産したことを知ると、事態を変える最初のきっかけが生まれた。彼らは会社の許可証に関心があった。この会社は、家庭用に一連の電気器具および機械製品を製造する認可を得ていた。同社を買収したことで、彼らは他のいかなる方法でも手にすることのできなかった諸権利をわがものとしたのである。1956年11月12日ウルゴールという協同組合を設立した。この名称は5人の名前から2文字ず

つとって並べたものであった。ウルゴールは石油ストーブを製造した。これは売れ行きがよくて、スペイン全土、さらにはヨーロッパ諸国にも輸出された。

　なぜ協同組合という形態をとったのだろうか。フランコの独裁の下では唯一、この形態が許容されたからであった。フランコの死（1975年）で独裁が終り、1977年に自由選挙が実施され、1978年に新憲法が制定されて、スペインは立憲君主制に移行した。こうして民主化されたスペインでは、政府は協同組合育成政策をとった。憲法第129条は、「公権力は、種々の形式の企業参加を促進し、適切な立法により、協同組合を助成するものとする」と規定し、税法上の特典も与えられた。新設の協同組合は10年間、法人税が非課税とされ、それ以後は法人税が最大限18％（一般の私企業の法人税の平均は35％）とされている（富沢ほか著、29頁）。だが、ロメオ（Romeo 2022）が提供する最近の情報によると、バスクの税法では協同組合と通常の会社の扱いは別だが、それらの税負担の総額は同じだという。

2　協同組合

　ウルゴールの協同組合で試みられ、後にモンドラゴン協同組合全体の運営の仕組みともなる重要な基本組織がある。
　①総会。一人一票の原則がある。
　②理事会。総会の中で選出され、3〜12人で構成される。任期は4年で、半分が2年ずつ交代する。日常管理の最高機関である。

③マネジャー。理事会によって、最低4年間任命される。日常の組合運営に責任を持つ。

④社会委員会。理事会から一定の権限委譲を受けて、労働者の福利、厚生、労働条件、政治問題等を論議する（佐藤編著、23-24頁）。

協同組合に加入するためには、組合員は出資金と加入金を支払わなければならない。(2) 出資金は給与天引きによって支払うことができるが、労働人民金庫が自らの組合員に対して加入時に要求する金額の80％以上120％以下とする。加入金は義務的出資金の25％を超えてはならない（ホワイト、86-87頁）。

組合員資格は資本よりも労働に基礎を置いている。このことは労働者協同組合一般にも当てはまるが、この政策の実行はとくに興味深い。株は発行されない。組合員の加入時の出資金は協同組合に対する貸付金として扱われる。組合員の資本口座と組合員に対する利益配当政策は、この協同組合複合体の中核的特徴である。1965年以来、組合員に配当される全剰余が、現金で分配されるのではなく、組合員の資本口座に充当されている（ホワイト、325頁）。

モンドラゴンにおいて利益を生み出すことは、制約条件であって第一義的な起動力ではない。違いは手段と目的の間にある。モンドラゴンの指導者たちは、自分たちの社会的経済的発展の目的を遂行するための不可欠な手段として利益を見ている（ホワイト、253頁）。40年も前の文献からの孫引きであるが、外部からモンドラゴンを観察した外国の研究者P・デリックは次のように述べていた。「ユーゴの事業体とモンドラゴンの協同組合とをくらべた場合、主として前者にあっ

ては資産の所有が社会にあるのに対して、後者の場合は労働者に帰属するという点において異なっている。モンドラゴンの場合には再投資された所得の大部分が労働者のために蓄積されるのに対して、ユーゴスラビアの場合にはそのような事態が生じないので、前者のタイプの協同組合の方が後者のタイプの事業体よりも成功する見込みが大きいということができるだろう」(佐藤編著、142-143頁)。

「給与」に相当するものは、「労働に対する前払い」である。労働者は主人公・経営者である。その理由として、イギリスの研究者は「これは、彼らが主人公であり、経営者であり、期末になってみないと配分可能な利益がどのように実現できるかわからないからであろう」(佐藤編、1984、31頁) と推測している。以下、便宜上、「給与」と呼ぶことにする。

また、アメリカにおける従業員株式保有計画 (ESOP：Employee Stock Ownership Plan) も何となく自主管理的な響きがするが、ここでは、労働者が利益の分配にあずかるとはいえ、それは提供した労働に応じてではなく、所有する株式の分量に応じてなされるものである。したがって、「モンドラゴン型の協同組合の場合の方が努力しようとする動機付けが大きいように見受けられる」(佐藤編著、143頁)。

1984年12月にモンドラゴンの全協同組合で組織する協同組合会議が設立された。そこで、給与格差3対1の原則を6対1に広げることが決定された。協同組合は自分たちよりも高い給与を払う私企業と経営幹部の取り合いをしていたという。給与格差を4.5対1にし、さらに6対1に広げたのは有能な経営幹部を確保するためであった。

利益配分の比率変更は、これまで利益の10％を地域社会に還元する教育社会振興基金に、最小20％を組合の準備積立金に、最大70％を組合員の個人口座に繰り入れることが原則となっていたのを改めて、教育社会振興基金10％、準備積立金を45％、個人口座45％の比率に変更することで組合の財政基盤を強化しようとしたものである。

レイオフ（一時的解雇）。ウルゴールの場合、レイオフの対象になった組合員には通常賃金の80％を手当として支給するよう内規で定められている。その資金の出所については、このレイオフ組合員に支給される手当総額の50％は出資金と利潤配当から積み立てられた全組合員の個人資本会計から、25％は組合全体の集団資本から、そして残り25％は地域社会に還元する目的で積み立てられた利潤配当から引き出されることになっている（佐藤編著、89-90頁）。協同組合に加盟していない従業員もいるが、非組合員の雇用は10％未満にするという制限がある。

その後、多くの協同組合ができたが、その中でウルゴールが牽引者的役割を果たした。「ウルゴールが当初の苦闘を抜け出して急速かつ継続的な成長期に入ると、他の一群の起業家たちも労働者協同組合を組織した。ウルゴールの成功に刺激されたためでもあり、ウルゴールに供給される製造品の見通しが出てきたためであった」（ホワイト、57頁）。協同組合が組織された分野は次のように多岐にわたる。協同組合銀行、社会保障、学生協同組合・アレコープ、サービス業、農業、住宅供給と建設業。

3　労働人民金庫の重要な役割

　モンドラゴン協同組合の急速な発展を考えるうえで無視できないのが、統一指導部として全組合を指導監督し、新組合設立の産婆役を務めた労働人民金庫（カハ・ラボラル・ポピュレール＝CLP）の存在である。1958年のCLPの設立によって、モンドラゴン協同組合の内延的発展（各組合の事業拡大）と外延的発展（新しい協同組合の設立）は新しい段階を迎える。貯蓄融資機関という点では、CLPは一般の銀行となんら変わらない。信用協同組合方式というというだけなら同種のものはほかにもいくつかの例がある。CLPのきわだった特色は、その融資先が圧倒的にモンドラゴン協同組合に集中していること。融資先協同組合の経営安定と住民の貯蓄の安定は表裏一体の関係にあり、住民とモンドラゴン協同組合はCLPを軸に運命共同体として結びつけられている。組合員にCLPの設立を説いたのはアリスメンディアリエタであった（佐藤編著、62頁）。ホワイト（1991）も、アリスメンディアリエタが仲間の反対にもかかわらず、いかに労働人民銀行を発展させたかを1985年に知ったと述べている。

　新規設立の組合に限らず、各組合に対するCLPの指導助言は綿密詳細なもので、CLPの助言で生産品目が変わったり、経営幹部が交替したこともあったという。しかし、両者の間柄は一方的な支配－服従ではなく、あくまで双務的、互恵的なものである。たとえばCLPが各組合と結ぶ連携協約を見ても「組合は年間の予算、決算、月々の実績を報告し、

CLPはその分析データを返す」「組合は余剰金をCLPに貯えるが、必要な時は資金の援助を求めることができる」など、条項規程は一方通行ではなく対面交通が基本となっている（佐藤編著、65頁）。

　特筆すべきは、"協同組合内協同組合"とも言うべき勤労学生のための生産事業体「アレコープ」である。アレコープの組合員学生は普通、毎日5時間の学習のほか5時間の実習を兼ねた生産活動に従い、授業料を上回る賃金を受け取る。経済的に余裕のない地域住民の子弟に教育の機会を提供するというだけではなく、労働と学習の結合を目指した試みでもあった。重要なことは、ここから高い技術を身につけた労働者が卒業生として送り出されてくることである。熟練労働者のほとんどが、モンドラゴン協同組合の内部で自給されているとのことである（佐藤編著、74頁）。

　「今やモンドラゴンにおいては、一つひとつの協同組合が資本主義経済の大海に孤立して漂っているのではなく、少なくとも地方的には、労働人民金庫を中心に連帯して協同組合地域社会を形成していること、そしてこのことが個々の協同組合を成功させている条件になっている点に注意する必要がある」（佐藤編著、179頁）。

4　研究開発の重視

　当時のスペインは関税障壁により国内の産業を守っていた。しかし、従来のレベルの製品を作り続けるだけではウルゴールなどの生産協同組合は生き残るができない。経済発展

や市場の要請により、高等教育が必要であった。アリスメンディアリエタは、バスクの域外であるアラゴン県のサラゴサ大学と交渉し、協定を結び、モンドラゴンの学生がそこに通学しないでも学べるよう取り計らった。技術専門学校の第1期卒業生20人のうち11人がサラゴサ大学の工業技術の学位(学部卒の)取得を目指すことになった(佐藤編著、38頁)。[3]

　数人の労働者を半年間、フランスに派遣したこともあった。世界的に経済発展が進むと共に技術的により高度で洗練された工業製品が市場に出回ると、モンドラゴンも研究開発に力を入れる必要が生じた。1968年、6人の学部卒の労働者は、6カ月の休職を認められ、フランスの大学で工業技術を学んでくることになった。ほぼ同じころ、ケベドは機械化研究室を設立すべきだと学校に提案した。資金がないと告げられると、ケベドは成人教育課程で余分に働いて収入を学校に寄付した。1972年、機械化研究室は、工業協同組合と最初の契約事業に着手した(ホワイト、78頁)。

　1977年にモンドラゴンの研究開発センター「イケルラン」が設立された。これは、CLP、ウラルゴ、そのほか工業部門の中小協同組合が合同で音頭をとって設立されたものであった。1982年から人件費などの50%をバスク政府からの援助(残りの38%は委託研究の請け負い収入、12%はイケルランを構成する協同組合などからの会費収入)でまかなっている。1984年末の時点で94人のスタッフがいた。うち54人がイケルラン本来の労働者組合員で、残りは大学などの奨学金による研究者、技術学校の教官、アレコープから派遣されたアシスタントであった(富沢ほか、35頁)。

5　危機への対応

　協同組合であるモンドラゴンでも 1974 年にストライキがあった。ウルゴールで理事会が導入しようとした新しい職務区分に反対するストであった。理事会は、ストライキの扇動者とみなした 17 名の労働者を直ちに免職にし、また彼らに従って工場の外に出た 397 名の労働者にさまざまな額の罰金を科すことによってストライキに対応した。スト指導者は、闘争を終結させるための一連の要求をウルゴールとウラルコの経営陣に提示し、要求が満たされるまでストを続行する、と主張した。理事会はこれらの要求をきっぱり拒否し、指導者の除名および罰金を確認した。続く数日の間に、スト指導者として解雇された 17 名の労働者を除くすべてのスト参加者は仕事に戻った。しかしその反響はその後いつまでも人々の心に残ったという。1974 年にストライキ参加者の再加入キャンペーンがあった。1977 年 3 月の総会では 61％ が再雇用に反対であった。しかし、その 1 年後の 1978 年 4 月の総会では、67％ が再雇用に賛成した。

　1990 年代前半、スペインは経済危機に見舞われた。モンドラゴン・グループは 5 年近く続いた経済危機を何とか乗り切った。もっとも、その間に家具部門を中心に 5 つの工業協同組合が解散せざるをえなかったのだが。どうやってこの経済危機を乗り切ったのだろうか。

　第 1 に、組合員の合意に基づく給与の切り下げである。1979 年までモンドラゴン協同組合の給与はスペインの平均

賃金上昇率を上回る増え方をしてきた。しかし、1979年から落ち込み、1983年までにCLP［労働人民金庫］の給与表に基づいた給与指標は約3％下がった。のみならず、各協同組合とも経営基盤の強化を目的に、給与の自発的削減を実施した。ウルゴールを軸とした協同組合グループ「ウラルコ」の場合、1980年に実質11％の削減をしたのを手始めに、1981年9.2％、1982年7.0％、1983年6.5％の給与削減を実施した。この結果、ウラルコの実質給与上昇率が1980年以降、スペインの平均をかなり下回った。こうした給与の調整は、それぞれの協同組合の利益（ないし損失）の多寡に応じてなされるわけだから、赤字を多く出した組合はそれだけ組合員の実質手取り賃金が少なくなったのである。

　第2の対応は投資の抑制であった。1977年から1983年にかけて、鉱業および農業部門でなされた投資額は、それ以前の水準の55％であった。この間、これらの協同組合にとって最大の金融機関である労働人民金庫の預金額は67％も増加していたので、これは、借入金が不足していたためではなく、きわめて慎重な投資戦略をとったためであった。

　第3の対応は、独自の失業保障制度の創設である。ラグン・アロ[4]が1980年に導入したこの制度により、組合員は給与の0.5％を積み立てて、人員削減で失職した場合にはそれまで受け取っていた給与の80％に当たる失業手当を受け取ることができるようになった。この失業手当にかかる費用はその組合員の属していた組合とラグン・アロで分担しあうことになっていて、その比率は給与水準の高い組合ほど組合の負担分が多くなるシステムがとられていた。

第4の対応は、モンドラゴン協同組合グループが協同組合間の人事異動、配置転換を進めたことであった。バスク地方全域の失業率が16％だった1982年に、モンドラゴンでは失業者約30人で、組合員総数の0.17％にすぎなかった（富沢ほか著、39-44頁）。

6　最近のモンドラゴン

　アメリカのジャーナリスト、ニック・ロメオが2022年にモンドラゴンを訪問し、経営幹部や技師と議論したり、役員会を傍聴したり、レストランで毎月実施される組合員たちの食事会（会費は月約20ユーロ）に参加して書いたルポルタージュ記事を発表した。これによると、モンドラゴン協同組合グループは2008年グローバル金融危機や最近のコロナの世界的蔓延など幾多の危機に見舞われたが、こうした危機を乗り越え、発展している。

　この協同組合グループは約8,000人を雇用し、製造業の協同組合で働く人々の76％は所有者でもある。あるものは自転車を作り、他のものはエレベーターを作るかまたはジェット・エンジン、ロケット、風力タービン生産で用いられる巨大な工業用機械を生産している。モンドラゴンの事業には学校、大規模食料雑貨チェーン、ケータリング会社、14の技術開発センター、およびコンサルティング会社も含まれた。2021年には、このネットワークは110億ユーロの収入をもたらした。この集団は550種のパテントを持ち、約2400人のフルタイムの研究者を雇用している。それはまた中国、ド

イツ、メキシコを含む国々に自分の支社を持ち、国際的市場で効果的に競争し、ゼネラル・エレクトリックやブルーオリジンのような会社から契約を勝ちとった。

モンドラゴンは外国にも進出している。製造業の協同組合が、コストの低い32の国々で132の生産工場を動かしたり、アウトソーシング（外注）をしたりしている。なお、こうした国々ではモンドラゴンは協同組合を組織していない。一度、メキシコでモンドラゴンが自分の工場のいくつかを協同組合へと組織する可能性を研究したこともあったが、実行しなかった。というのは、この国では協同組合に好意的な法律が不在であり、労働者の間でも協同組合への関心が低かったからである。

外国のビジネスマンもたびたび訪問したが、彼らはみな、協同組合のトップ経営者と最低報酬の従業員との間の報酬の格差が6：1であることに驚き、なぜ経営者はそんなに低い報酬で満足するのか理解できなかった。モンドラゴンの役員は自分の住む地域に愛着をもち、職場の融和的な人間関係などに満足していた。ロメオは、「カルチャーショックはお互い様だ」だと言い、モンドラゴンの役員は、高報酬のアメリカの役員達がどれほど自分たちの比較的低賃金の従業員の賃金をさらに引き下げることに意欲的だったのかを理解できなかった、と書いている。

結　論

第1に、モンドラゴンの協同組合グループも自主管理と呼

ぶことができる。資産は協同組合への加入に際して、加入金の支払のほかに出資金も払っている。これは、資産は社会に属するとした旧ユーゴの自主管理社会の場合とは異なる。

　第2に、労働者（＝協同組合の組合員）は同時に所有者でもある。そのことを明確に示すのは給与に相当する「労働に対する前払い」である。資本主義経済の中で営業するわけであるから、景気変動やその他の要因により、それぞれの協同組合の売上げは月により変動し、ときには目標を大幅に下回り、計画していた「給与」額を支払えず、減額せざるを得ないこともあり得るが、そういうリスクを覚悟のうえで労働者は協同組合に加入したのである。ウィーナーとオークショットはモンドラゴン協同組合グループの発展の要因の一つとして、出資にもとづく組合員の経営に対する責任感の強さを挙げていた（佐藤編著、29頁）。旧ユーゴの場合、労働者は賃金ではない個人所得を受け取っていた。売り上げが計画よりも少なければ、計画した個人所得の増加額が減るかもしくはマイナスにもなり得るが、実際にはたいてい銀行借り入れにより計画した個人所得増を実現していた。この点、旧ユーゴの実践はモンドラゴンでの実践とは大いに異なっていた。

　第3に、経営者の役割は重要である。理事会の決定を受けて協同組合のマネージャーがほかのスタッフを用いて日常的に経営を行っている。そのような重要な役割を最低報酬のわずか6倍の給与で満足して働いているのは、協同組合の理念を信奉し、自分が生まれ育った地域社会に強い愛着を持っているからだと推察される。

　第4に、アリスメンディアリエタ神父が果たした役割は非

常に重要であった。モンドラゴンの若者に労働の尊厳を強調し、協力と集団的連帯を説き、さらに技術上の知識と能力向上のため教育の重要性を説いた。彼は協同組合の外部にいながら、たえず組合員の相談相手になり、精神的な支柱となった。

〈注〉
(1) アリスメンディアリエタは、マルクス主義文献からしばしば引用を行った。毛沢東語録やレーニンの協同組合論（1923年）からも引用した。内外のいくつかの保守的なサークルにおいては、「赤い司祭」として知られていた。彼は漸進的で平和的な革命を願っており、イエス・キリストを歴史における偉大な革命家と言っていた（ホワイト、290-304頁）。
(2) これはユーゴの自主管理とは違う点である。
(3) Romeo (2022) には、「アリスメンディアリエタは1943年に技術学校を設立した。生徒は午前、工場で働き、午後には授業に参加した。やがて、彼は有望な労働者を選びだし、彼らは晩には工学の学位コースを学んだ」という記述があるので、それは通信教育かもしれない。
(4) モンドラゴン協同組合グループ全体に奉仕する共済機関である。

# 終　章

　労働者自主管理の積極的意義を論じるならば、従業員たちが、賃金を受け取る人、つまり、たんなるコストとみなされる存在から、企業において主体的に働き、経営にも関与する存在に変わることで、彼らが持つ潜在能力を十分発揮する機会が与えられることであろう。
　日本でも倒産した企業を現場の労働者が生産を管理し、維持した事例（井上 1991）はある。これは短期的のものであった。目を世界に転じると、ニューイヤー・コンサートで有名なウィーン・フィルの場合、バイオリン奏者が楽団長を務め、コントラバス奏者が事務局長を務め、年間計画、客演指揮者への出演依頼、ツアーの企画、若手演奏者の育成計画立案、会計などの業務を事務職員たちと協力しながらこのオーケストラを運営している。彼ら自身は「自主管理」という用語を用いていないが、これはれっきとした自主管理だと言えるだろう。補論で紹介したスペインのモンドラゴン協同組合は1956年に自主管理を開始し、幾度かの危機的状況を乗り越えながら、発展している。特定の地域や特定の企業では自主管理は有効だと言えるだろう。
　ユーゴでは自主管理を1950年に工業企業において開始し、その後、適用範囲が商業や公共サービス分野へと拡大された。政治にまで自主管理の原理が適用され、社会全体を巻き込ん

だ。自主管理の適用範囲があまりにも広く拡大されたような気もする。しかし、大きな犠牲を払って外国の侵略者から国を解放してからソ連をモデルに社会主義を建設した後、そのソ連からひどい仕打ちを受け、集権的社会主義モデルに疑問を抱いたユーゴのコムニストには、それとは異なるシステムへと作り直すとすれば、すべてを包括したシステムにならざるを得なかったのも当然であろう。こうして自主管理社会主義の建設に向かうことになった。ユーゴの歴史には幾たびか大きな転換点があったが、最も重要なものの一つは1974年憲法と1976年の連合労働法に基づく企業再編成と協議経済への移行であった。1960年代に分権化が進み、共和国が大きな権限を持つようになり、国家連合に近い連邦国家になった。連邦政府は経済分野では小さな権限しか持たないようになった。にもかかわらず、自主管理社会主義を発展させる際に「すべてを束ねる環」としてのSKJのルートでコントロールできるという想定には大いに問題があった。

イギリスの経済学者サウル・エストリン（Estrin 1991）は、ユーゴのマクロ経済は1970年代末まで成長率は平均して約6％で、非常にうまくいっていたと言う。彼は、労働者と経営者との間の対立的な関係を協力的な関係に置き換えることはその時期の労働生産性の急速な向上における一つの要素であったかもしれない、と見ている。だが、実質的な資本市場と労働市場を作り出せなかった。彼は、ユーゴ人たちは2つの根本的な問題、すなわち、経営陣の特権と従業員たちの特権との間で適切なバランスをとること、そして自主管理企業と関連すべき分権的な資本市場、をかかえていたと見る。前

者の分野ではユーゴは当初、経営陣に過度に依存し、その後、1974年以後、反経営陣の方へ過度に傾いたのである。後者の分野では、ユーゴ人は資本市場のコントロールを企業と政治当局の手中に置いたが、それは最悪の解決策だったと言う。1965年の経済改革は重要であった。ユーゴ経済は世界経済に組み込まれた。これによりユーゴは市場社会主義の方向に踏み出した。市場社会主義の可能性を信じた優秀な経済学者もいたので、あの時点でやめずにマクロ経済的コントロールを適切にやりながら経済発展を遂げることができたかもしれない。もっとも、それが必ずしも社会主義の枠内に収まる保証はないのだが。資本主義になったとしても、北欧型の福祉国家へと変貌する可能性があったかもしれない。

　市場経済であれば、景気の動向やその他の要因により、自主管理企業の売上げは月により変動し、ときには目標を大幅に下回り、計画していた額の個人所得を支給できず、減額せざるを得ないこともありうる。ホルヴァート・モデルの式はそのことをおりこんでいた。しかし、実際には、モンドラゴン協同組合の場合とは違い、ユーゴでは労働者の個人所得は一種の「保証所得」として下方硬直性を持っていたので、コスト・プッシュ・インフレと企業の貯蓄不足が常態化してしまった。きちんとした仕組みづくりに失敗したのである。

　ユーゴは大衆組織としての社会主義勤労者同盟を伴いながらも事実上、SKJの一党独裁の国であった。しかもこの党はレーニン主義的な組織原則（前衛党、民主主義的中央集権制、分派禁止）を受け継いだ。ユーゴを含めて社会主義諸国ではソ連共産党の特殊な経験が普遍的な原理とされた。チトーは

ロシアにいたときに十月革命の洗礼を受け、ボリシェヴィキに加わった革命家であった。その彼がユーゴスラヴィアでの社会主義建設を率いたことがのちのち、ユーゴ社会主義の発展にも大きな影響を与えた。1970年代初めに、市場経済への拡大に危機感を抱き、テクノクラート批判、企業再編成、および協議経済（一種の談合経済）に転換させたのは大失敗であった。政府による調整機能を弱めながら、レーニン主義的組織原則に基づくユーゴ共産主義者同盟の一党支配の下で自主管理社会主義を発展させようとしたことにそもそも無理があった。

参考文献

日本語文献

- ILO編／高橋正雄・高屋定國訳（1974）『ユーゴスラビアにおける労働者自主管理制度－社会主義と民主主義－』至誠堂。
- 阿部望（1993）『ユーゴ経済の危機と崩壊』日本評論社。
- 石川晃弘（1977）「社会主義的地方制度における集権型と分権型」『中央大学文学部哲学科紀要』第23号。
- 伊藤知義（1990）『ユーゴ自主管理取引法の研究』北海道大学図書刊行会。
- 井上雅雄（1991）『日本の労働者自主管理』東京大学出版会。
- 岩田昌征（1978）『労働者自主管理』紀伊国屋書店。
- 岩田昌征（1999）『凡人たちの社会主義－ユーゴスラヴィア・ポーランド・自主管理－』筑摩書房。
- ウィリアム・ホワイト＆キャサリン・ホワイト／（1991）『モンドラゴンの創造と展開——スペインの協同組合コミュニティ——』（佐藤誠・中川雄一郎・石塚秀雄訳）日本経済評論社。
- 上村達男（2022）『会社法は誰のためにある－人間復興のための法理－』岩波書店。
- 梅本浩志（1979）『ベオグラードの夏－ユーゴ自主管理の歴史と現実－』社会評論社。
- 笠原清志編著（1982）『自主管理制度と階級-階層構造－ユーゴスラビアにおける社会的調査－』時潮社。
- 笠原清志（1983）『自主管理制度の変遷と社会主義的統合』時潮社。
- カルデリ、エドヴァルド／山崎那美子訳（1982）『自主管理社会主義への道－カルデリ回想記－』亜紀書房。
- カルデリ、エドヴァルト／山崎洋・那美子訳（1978）『自主管

理社会主義と非同盟－ユーゴスラヴィアの挑戦－』大月書店。
- コーラッチ、ミラディン（1982）『自主管理の政治経済学』日本評論社。
- コルナイ、ヤーノシュ（1984）『「不足」の政治経済学』岩波書店。
- 小山洋司（1979）「自主管理社会主義における市民生活－ベオグラード通信、その1」、『現代と思想』第37号。
- 小山洋司（1979）「自主管理　その理論と実践－ベオグラード通信、その2」、『現代と思想』第38号。
- 小山洋司（1980）「チトーと『開かれた社会主義』の行方－ベオグラード通信、その3」、『現代と思想』第39号。
- 小山洋司（1980）「ユーゴスラヴィアにおける自主管理の実践－イスクラ企業の事例－」、『高知大学研究報告』第29巻。
- 小山洋司（1985）「最近のユーゴ経済と改革をめぐる議論」『社会主義法研究年報』第7号。
- 小山洋司（1985）「最近のユーゴ経済と労働組織の役割」『科学と思想』、第56号。
- 小山洋司（1994）「企業における自主管理の実情－ユーゴスラヴィアにおける社会学的調査に基づいて－」、『新潟大学経済論集』第54号。
- 小山洋司（1995）「自主管理社会主義の生成過程」『新潟大学経済論集』第59号。
- 小山洋司（1996）『ユーゴ自主管理社会主義の研究－1974年憲法体制の動態－』多賀出版。
- 小山洋司（2008）「コソボ独立をめぐる諸問題」『海外事情』（拓殖大学海外事情研究所）、第56巻第4号。
- 小山洋司（2013）「クロアチアのEU加盟と今後の課題」、『JISRD（国際地域研究論集）』、第5号。
- 小山洋司（2014）「スロヴェニアのサクセス・ストーリーとその落し穴」、『ロシア・東欧研究』、第42号。

- 小山洋司・富山栄子（2015）、「ビジネス・システムの視点で見たスロヴェニア社会の変化」、『事業創造大学院大学紀要』第6巻第1号。
- 小山洋司（2017）「国際的に事業展開するスロヴェニアの企業コレクトール社の歩み」、『ロシア・ユーラシアの経済と社会』1015号。
- 小山洋司（2018）『スロヴェニア－旧ユーゴの優等生－』群像社。
- 小山洋司（2022）「セルビアからの対外移住と過疎化」、『ロシア・ユーラシアの社会』No. 1063、2022年7-8月号
- 沢田干一郎（1976）「コミンフォルムとチトーイズム発生に至る第2段階」『研究年報』（神戸市外国語大学）第13号。
- 佐藤誠編著（1984）『協同組合の拓く町－スペイン・モンドラゴンの実験－』芽ばえ社。
- 柴宜弘（1996）『ユーゴスラヴィア現代史』岩波新書。
- 柴宜弘編著（1998）『バルカン史』山川出版社。
- 鈴木勇（1983）『市場的社会主義とマルクス主義』学文社。
- 竹森正孝（1990）「74年憲法体制と自主管理社会主義」、暉峻衆三ほか著（1990）。
- 竹森正孝（1990）「ユーゴ型社会・政治システムと自主管理民主主義－自主管理民主主義の理念と動態」、暉峻衆三ほか著（1990）。
- 暉峻衆三（1975）「ユーゴスラビアの経済と農業」（上）、（下）『経済』No. 140, 143。
- 暉峻衆三・山中武士（1983）『ユーゴスラビアの農業』（ソ連・東欧圏農業調査研究国別シリーズNo. 5）国際農林業協力協会。
- 暉峻衆三・小山洋司・竹森正孝・山中武士（1990）『ユーゴ社会主義の実像』リベルタ出版。
- 富沢賢治、佐藤誠、二神護、坂根利幸、石塚秀雄（1988）『協

同組合の拓く社会』みんけん社。
- ドルーロヴィッチ、M（1980）『試練に立つ自主管理』岩波現代選書。
- 中山弘正（1976）『現代ソヴェト農業－フルシチョフ農政と位階制的職種階層－』東京大学出版会。
- 二神恭一（1978）『使用者なき経営』日本経済新聞社。
- バス、ロバート、エリザベス・マーブリ共編『ソ連とユーゴの紛争文献記録（1948〜58年）』、日本外政学会訳・発行。
- ベブレル、アントン／小山洋司訳（2001）「中東欧移行諸国の保安関係者の間の汚職」『新潟大学経済学年報』第25号。
- メイステル、A./ 川崎嘉元・小池晴子訳（1979）『自主管理の理念と現実－ユーゴの経験から－』新曜社。
- 盛田常夫（2020年）『体制転換の政治経済社会学』日本評論社。
- 山崎ヴケリッチ洋（2023）『山崎洋仕事集』西田書店。
- 『世界地理大百科事典・第6巻ヨーロッパ』（2000）朝倉書店。

定期刊行物
- 『世界政治資料』日本共産党。

外国語文献
- Bicanic (1973), Economic Policy in the Socialist Yugoslavia, Cambridge University Press.
- Bombelles, Joseph T. (1968), Economic Development of Communist Yugoslavia, Hoover Institution Publications
- Carter, April (1982), Democratic Reform in Yugoslavia: The Changing Role of the Party, London: Francis Pinter.
- Clark, Howard (2000), Civil Resistance in Kosovo, London: Pluto Press.

- Czaba, Laszlo and Marko Jaklic (1998), Path Dependence and Contractual Relations in Emergent Capitalism: Contrasting State Socialist Legacies and Inter-firm Cooperation in Hungary and Slovenia, Paper Presented at the 14th EGOS Colloquium, Maastricht, 9-11 July, 1998.
- Estrin, Saul (1991), Yugoslavia: The Case of Self-Managing Market Socialism, Journal of Economic Perspective, Volume 5, Number 4, Fall 1991, pp. 187-194.
- Gnjatovic, Dragana (1985), Uloga inostranih sredstva u privrednom razoju Jugoslavije, Ekonomski institute Beograd.
- Gorupic, Drago (1974), The Enterprise and the Development of Yugoslav Economic System, Ekonomski institute Zagreb.
- Hoffmann, George W. and Fred Neal W. (1963), Yugoslavia and the New Communism, the Twentieth Century Fund, New York.
- Horvat, Branko (1971), Yugoslav Economic Policy in the Post-War Period: Problems, Ideas, Institutional Developments, Supplement to Vol. LXI, No. 5 of the American Economic Review.
- Horvat, Branko (1975), Self-governing Socialism: A Reader, White Plain, N.Y.:International Arts and Sciences Press.
- Horvat, Branko (1976), The Yugoslav Economic System: The First Labor-managed Economy in the Making, M. E. Sharp, Inc., Armonk, New York.
- Horvat, Branko (1982), The Political Economy of Socialism: A Marxist Social Theory, Oxford: Martin Robertson, Ltd.
- Horvat, Branko (1983), Reforma osnovnih organizacija udruzenog rada, Ekonomika Udruzenog Rada, Br. 11 i 12,

Decembar 1983.

- Jaklic, Marko, Hugo Zagorsek and Aljaz Hribernik (2009), Slovenian Evolutionary Business System Dynamics, in Kristensen, P. H. and K. Lilja (eds.) (2009), New Modes of Globalizing: Experimentalist Forms of Economic Organization and Enabling Welfare Institutions: Lessons from the Nordic Countries and Slovenia, Helsinki: Helsinki School of Economics.
- Korac, Miladin (1984), Bureaucracy, Technocracy and Self-management, A report presented at the 10th Conference of the Association for the Study of Socialist Enterprises held at Kansai University in April 1984 (Typescript).
- Kristensen Peer Hull and Marko Jaklic (1998), ATLANTIS VALLEYS Local Continuity and Industrialization in Slovenia Contrasted with West Jutland, Denmark and Third Italy.
- Labus (1998), Financial Sector in Yugoslavia, in Pitic, Goran (ed.) (1998), Challenge and Opportunities for the Economic Transition in Yugoslavia, USAID, Economic Institute, Chesapeake Associate, Belgrade.
- Lydall, Harold (1984), Yugoslav Socialism : Theory & Practice,, Oxford: Clarendon Press.
- Mencinger, Joze (1987), The Crisis and the Reform of the Yugoslav System in the Eighties, in Peter Gey, Jiri Kosta and Wolfgang Quaisser (1987), Crisis and Reform in Socialist Economies, Boulder and London: Westview Press.
- Milenkovitch, Deborah D. (1971), Plan and Market in Yugoslav Economic Thought, New Haven and London: Yale University Press.
- Milosevic, M (1983), Preduzece kao udruzenje, NIN (Nedeljne

Informativne Novine), No. 1708, September 25, 1983.
- Nolar, Carl William (1975), The Rise of Money, Credit and Financial Intermediaries in an Evolving Economy: The Yugoslav Case, 1952-1968, Ph.D. Dissertation presented to the Graduate Faculty of the University of Virginia, by Xerox University Microfilms.
- Norkus, Zenonas (2012), On Baltic Slovenia and Adriatic Lithuania: A Qualitative Comparative Analysis of Patterns in Post-Communist Transformations, Vilnius: Apostrofia.
- Ocic,Caslav (1983), Koncept udruzivanja rada i sredstava u Jugoslovenskom drustveno-ekonomskom Sistema (Typescript).
- Pavlovic, Dragisa i Ivan Stanojevic (1984), Ko radnika povezuje laznim koncima: Ekonomska preispitivnja, Bigz, Beograd.
- Poenisch (1992), The New Central Bank of Eastern Europe, in Prindl, A. R. (eds): Banking and Finance in Eastern Europe, Cambridge: Woodhead-Faukner.
- Prasnikar,Janez (1983), Teorija i praksa organizacije udruzenog rada, Centar za culturnu djelatnost Zagreb.
- Pusic, Eugen (1975), Intentions and Realities: Local Government in Yugoslavia, Reprinted from the Summer 1975 issue of Public Administration.
- Rabrenovic, Scepan (1083), Prednost politike, NIN (Nedeljne Informativne Novine), No. 1709, October 2, 1983.
- Repe, Bojo and Joze Princic (2009), Pred Casom: Portret Stane Kavica, Ljubljana: Podrijan. COBISS.SI-ID 247415808; sistory.si/eng/publication/35128
- Romeo, Nick (2022), How Mondragon Became the World'

s Largest Co-op, https://www.newyorker.com/business/currency/how-modragon-became-the-worlds- largest-co-op
- Rusinow, Dennison (1977), The Yugoslav Experiment 1948-1974, Berkley and Los Angels: University of California Press.
- Shahin, Yuri (2024), Slovenian 《Road Scam》 1969: From the History of the Yugoslav Republics' Struggle for Investments, Scientific Notes of VI Vernadsky Crimean Federal University Historical Science〔原文はロシア語。Research Gateを通じて入手〕。
- Shoup, Paul (1992), Titoism and the National Question in Yugoslavia: A Reassesment, in Huevel & Siccama (1992), The Disintegration of Yugoslavia, Yearbook of European Studies, Amsterdam-Atlanta.
- Sirc, Ljubo (1979), The Yugoslav Economy under Self-management, London: MacMillan Press Ltd.
- Sifter (1978), Direktor: Iskustvo i praksa, Privredni pregled, Beograd.
- Stankovic, Vladimir (2011), Srbija u Procesu Splljnih Migracija: Popis Stanovnistva, Domacinstva i Stanova 2011 u Republici Srbiji, Republika Srbija Republicki Zavod za Statistiku.
- Stipetic, Vladimir (1975), Yugoslavia's Agriculture 1945-1975, Book Series Socialist Thought and Practice, Belgrade: Komunist.
- Todorovic, Jovan i dr. (1984), Samoupravno organizovanje udruzenog rada u funkciji efikasnijeg privredjivanja u Srbiji, Beograd.
- Tyson, Laura d'andrea (1980), The Yugoslav Economic System and Its Performance in the 1970s, Berkeley: University of California.

・Uvalic, Milica (1992), Investment and Property Rights in Yugoslavia: The Long Transition to a Market Economy, Cambridge University Press.
・Uvalic, Milica (2018), The Rise and Fall of Market Socialism in Yugoslavia, Contribution to the project of the Dialogue of Civilizations Research Institute (DOC RI) "Inequalities, Economic Models and the Russian October 1917 Revolution in Historical Perspective".
・Mates, Neven (1983), Neka pitanja odnosa osnovne, radne i slozne organizacije udruzenog rada, Pregled, Br. 2-3.
・Vojnic, Dragomir (1983), Ekonomka stabilizacija i drustvena reprodukcija, Informator, Zagreb.
・Ward, Benjamin (1958), The Firm in Illyria: Market Syndicalism, The American Economic Review, Vol. 48.
・Whitley, Richard, Marko Jaklic and Marko Hocevar (1998), Success without Shock Therapy in Capitalisms, Global Competition and Economic Performance, Amsterdam: John Benjamins Publishing Company.
・Wolfenbarger (1974), Investment Allocations and Financing in Yugoslavia in the 1960s, Ph.D. Dissertation Presented to the University of Tennessee, by Xerox University Microfilms.
・World Bank (1975), Yugoslavia: Development with Decentralization, Baltimore and London: The Johns Hopkins University Press.

定期刊行物
・Politika（日刊紙『政治』）、Belgrade.

〈人名索引〉

日本人
伊藤知義　79 183
岩田昌征　15 24 26 136 146 147 149 171 183
笠原清志　51 52 59 86 171 183
木下勝一　31
竹森正孝　103 104 108 183
暉峻衆三　1 13 29 45 103
德永彰作　66 88
盛田常夫　144

外国人
ア行
アリスメンディアリエタ　152 153 158 160 165 166
イゼトベゴヴィチ　141
エンゲルス　21
オストイッチ　77 81
オーツィチ　89

カ行
カフチッチ　55 56 60 80 135
カーター　128
カルデリ　18 21 22 39 48 55 63 64 88 89 101 104 107
キドリッチ　21 22 60
クーチャン　135
グニャトヴィチ　125
クライゲル　60 126
クラーク　141
クリステンセン　130 131
ゲンシャー　136
コーラッチ　64 65 89
コルナイ　120

サ行
シフテル　82
シャウプ　57
ジュラノヴィチ　112
ジラス　21 22 39 40 44 138 149
シルツ　63 88 123
スターリン　17 18 21 39
スティペティッチ　42 45
ズルフィカルパシッチ　140

タ行
ダイカー　126
タイソン　109
ダプチェヴィチ＝クチャール　54
チトー　1 10 11 18 21 22 29 39 40 44 48 54 55～57 60～64 87 88 126 133 139 140 169
チョムスキー　142
ツァンカル　128

デディエル　39 44
トゥジマン　145
トドロヴィチ　79
ドランツ　56 63
ドラゴサーヴァツ　54
トロツキー　115
トリパロ　54
ドイッチャー　115

ナ行
ニケジッチ　57
ノルクス　127 147

ハ行
バイト　123
バカリッチ　33
バダンテール　136 137
ビチャニッチ　30
フランコ　152 154
プーシッチ　93
プラシニカール　122
ベーカー　136
ペロヴィチ　57
ホイットレイ　129 148
ボロヴィエツ　82
ホルヴァート　47 50 59 89 121 169

マ行
マルクス　12 21 30 59 64 95
ミロシェヴィチ　133 134 136 142 143 144
メンツィンガー　62 87
毛沢東　166

ヤ行
ヤクリッチ　129〜131

ラ行
ラシノウ　2 58 107
ライダール　2 3 17 48 49 53 59 62 63
ランコヴィチ　39 40 49 52 59 60 64
ルゴヴァ　141
レーニン　21 39 61 166 169 170
ロメオ　154 163 164

ワ行
ワレサ　139

あとがき

　20年以上前、溝端佐登史教授（京都大学）から若い世代のため旧ユーゴの自主管理とはどんなものか説明する論文を雑誌『比較経済体制研究』に書いてほしいと頼まれて引き受けたのに、そのときどきの課題に追われて果たさないままでいた。ユーゴスラヴィア社会主義連邦共和国が地図上から消えて34年も経つ。自主管理社会主義時代のユーゴを知る人々（研究者だけでなく、ビジネス、ジャーナリズム、政治・外交などの分野で何らかの形でかかわった人々）もだんだん少なくなった。そこで、私も学問の世界から完全に引退する前に、かつて存在したユーゴの自主管理社会主義が何を目指し、どんなものであり、なぜ破綻したのかを若い世代に伝える必要を感じたので本書を執筆し、溝端教授との約束を果たしたい。

　旧ユーゴの失敗から学ぶ必要がある。現場の労働者が生産の場で働くだけでなく、企業の管理にも参加するというのが労働者自主管理であるが、1974年憲法体制は、経営者や専門スタッフをテクノクラートとして批判し、できるだけ小さな単位で労働者を管理に参加させ、生み出した所得の処分権も持たせればうまくいくという考えでスタートしたが、結果的に非常に非効率的な仕組みだと判明した。やはり、企業では有能な経営者は必要であり、現場の労働者による管理との適切な組み合わせが大事である。

いまは世界的に新自由主義が猛威を振るっている時代である。アメリカのトランプ大統領の事実上の経済顧問（影の大統領と呼ぶ人もいる）になったイーロン・マスクのような実業家は自分の会社の従業員や数万人もの政府職員を解雇することに何の痛痒も感じない。彼から見ると、従業員はたんなるコストにすぎないのであろう。さらに、とどまることを知らず、ヨーロッパの国々の選挙に介入し、移民排斥を掲げる極右政党を応援している。今後、世界はどうなるのか考えると、暗澹たる思いがする。

　スペインのバスク地方のモンドラゴン協同組合グループの実践については30年以上も前から知っていたが、訪問したことはない。本書の執筆に際して、モンドラゴンに関する日本語文献3冊を改めて読み直し、そして最近書かれたルポルタージュを読み、モンドラゴン協同組合グループが存続し、発展していることを確認したが、彼らの経験は非常に貴重であり、旧ユーゴの自主管理の実践と比較するときに重要な視点を提供してくれた。

　これまで議論や著作を通じて多くの研究者から学んできた。ユーゴ研究ではとりわけ、岩田昌征、山崎ヴケリッチ洋（ベオグラード在住）、竹森正孝、阿部望、笠原清志、伊藤知義（敬称略）の皆さんにはたいへんお世話になった。ここに記して、謝意を表したい。

　日本では、アメリカとの軍事協力を深めながら、新自由主義のイデオロギーが流布する中で、非正規雇用が増え、格差が拡大しつつある。過去10年間、G7諸国の中で日本だけが実質賃金が低迷しており、地方の衰退とそこからの人口流

出、首都圏の一極集中という問題は解決できないままである。

　このような状況に警鐘を鳴らし、早くから「フラタニティ」（友愛）の旗を掲げ、孤軍奮闘するロゴスはしっかりした志を持つ出版社である。3年ほど前に刊行した書物（『ソ連・東欧の社会主義は何であったか──歴史的教訓と将来社会』）と同様、今回もロゴスのお世話になった。社長兼編集長の村岡到氏は同郷出身でしかも長岡高校の同期生である。

　本書が現状打開に関心をもつ人々の参考になれば幸いである。

2025年2月　　　　　　　　　　　　　　　小山洋司

著者紹介

小山洋司（こやま・ようじ）
1943 年、新潟県生まれ。新潟大学名誉教授、博士（経済学）。
専門：比較経済体制論、中東欧の政治・経済。
1967 年、東京大学教養学部教養学科国際関係論コース卒業。
1973 年、東京大学大学院社会学研究科博士課程満期退学。

主な著書：
- 『ユーゴ自主管理社会主義の研究』多賀出版、1996 年。
- 『EU の東方拡大と南東欧－市場経済化と小国の生き残り戦略－』ミネルヴァ書房、2000 年。
- 『南東欧経済図説』東洋書店、2010 年。
- The EU's Eastward Enlargement: Central and Eastern Europe's Strategies for Development, Singapore: World Scientific, 2015.
- 『EU の危機と再生－中東欧小国の視点－』文眞堂、2017 年。
- 『スロヴェニア－旧ユーゴの優等生－』群像社、2018 年。
- 『ソ連・東欧の社会主義は何であったのか－歴史的教訓と将来社会－』ロゴス、2021 年。
- Massive Outflow of Population from Peripheral Countries of the European Union and Their Depopulation: Its Implications for the European Integration, Belgrade: ECPD, 2023.
- 『東欧経済』（編著）、世界思想社、1999 年。
- 『東欧の経済とビジネス』（共著）、創成社、2007 年。
- The Eurozone Enlargement: Prospect for Euro Adoption (ed. by Koyama), New York: Nova Science Publishers.

旧ユーゴの自主管理社会主義──理想・破綻の原因・結果

2025年4月1日　初版第1刷発行
著　者　　小山洋司
発行人　　入村康治
装　幀　　入村　環
発行所　　ロゴス
　　　　　〒113-0033　東京都文京区本郷2-6-11
　　　　　TEL.03-5840-8525　FAX.03-5840-8544
　　　　　URL http://logos-ui.org
印刷／製本　株式会社 Sun Fuerza

定価はカバーに表示してあります。　ISBN978-4-910172-34-7 C0031

ロゴスの本

小山洋司（新潟大学名誉教授）
ソ連・東欧の社会主義は何であったか
――歴史的教訓と将来社会

　まえがき
　第１章　ソヴェト社会主義における転換点
　　　　　――スターリン主義の成立
　第２章　ソ連型社会主義の空間的拡大
　第３章　東欧社会主義の状況
　第４章　チェコ事件とは何であったのか
　第５章　社会主義の崩壊はなぜ？
　第６章　旧ユーゴの民族紛争を考える
　第７章　歴史的教訓と将来社会
　あとがき

2021年刊　四六判　216頁　2000円（＋税）

武田信照 著　　　　　　　　　　　　Ａ５判　上製　214頁　2200円＋税
近代経済思想再考――経済学史点描

武田信照 著　　　　　　　　　　　　四六判　上製　250頁　2300円＋税
ミル・マルクス・現代

西川伸一 著　　　　　　　　　　　　四六判　191頁　2000円＋税
覚せい剤取締法の政治学――覚せい剤が合法的だった時代

下澤悦夫 著　　　　　　　　　　　　四六判　188頁　1800円＋税
「マルクス主義とキリスト教」を生きる

碓井敏正・西川伸一 編　　　　　　　四六判　180頁　1700円＋税
自己責任資本主義から友愛社会主義へ

石川晃弘 著　　　　　　　　　　　　四六判　188頁　1700円＋税
ロシア、中欧の体制転換――比較社会分析

尾高朝雄 著　　　　　　　　　　　　Ａ５判　上製　272頁　3000円＋税
自由論（復刻）

千石好郎 著　　　　　　　　　　　　Ａ５判　上製　254頁　3000円＋税
マルクス主義の解縛――「正統的な科学」を求めて

ロゴスの本

村岡 到 著　　　　　　　　　　　　　　　四六判 191 頁・2000 円＋税
悔いなき生き方は可能だ──社会主義がめざすもの

村岡 到 著　　　　　　　　　　　　　　　四六判 236 頁・1800 円＋税
ベーシックインカムで大転換

村岡 到 著　　　　　　　　　　　　　Ａ５判 上製　236 頁・2400 円＋税
親鸞・ウェーバー・社会主義

村岡 到 著　　　　　　　　　　　　　　　四六判 220 頁・2000 円＋税
友愛社会をめざす──活憲左派の展望

村岡 到 著　　　　　　　　　　　　　　　四六判 158 頁・1500 円＋税
文化象徴天皇への変革

村岡 到 著　　　　　　　　　　　　　　　四六判 236 頁・2000 円＋税
不破哲三と日本共産党

村岡 到 著　　　　　　　　　　　　　　　四六判 252 頁　1800 円＋税
ソ連邦の崩壊と社会主義

村岡 到 著　　　　　　　　　　　　　　　四六判 188 頁　1700 円＋税
共産党、政党助成金を活かし飛躍を

村岡 到 著　　　　　　　　　　　　　　　四六判 154 頁　1300 円＋税
池田大作の「人間性社会主義」

村岡 到 著　　　　　　　　　　　　　　　四六判 202 頁　1700 円＋税
左翼の反省と展望──社会主義を志向して 60 年

村岡 到 編著　　　　　　　　　　　　　　四六判 172 頁　1700 円＋税
宗教と社会主義との共振

村岡 到 著　　　　　　　　　　　　　　　四六判 157 頁　1700 円＋税
「自衛隊＝違憲合法」論・再論

あなたの本を創りませんか──出版の相談をどうぞ、小社に。

友愛を心に活憲を！

季刊 フラタニティ Fraternity

ロゴス刊　　B5判72頁　　700円＋税　　送料140円

第36号　2024年12月1日

特集　自衛隊をどう捉えるか
- 村岡　到　自衛隊の実態、どう対処すべきか
- 村岡　到　自衛隊は合憲なのか──長谷部氏の「合憲」論への批判
- 北島義信　靖国神社と戦争の結合──国家神道と自衛隊の結合に抗して
- 杉浦ひとみ　軍隊を無くしたコスタリカ

沖縄は今　　脱原発へ
宗教者の社会活動　　共産党の動向
学んだこと伝えたいこと　④関啓子
文化大革命と習近平時代　⑧　荒井利明
韓国における音楽と状況　⑰　波津博明
ラテンアメリカの動向　　④一井不二夫
歩み続けるレイバーネット　⑤　松原明
書評　碓井敏正『人権と民主主義の再考』：佐藤和之
ブックレビュー　㉟　　浅野純次
文学の眼　㉙　松本直次
西川伸一のオススメシネマ

第37号　2025年3月1日

特集　党派活動から得たもの
- 掛川　徹　「マルクス・レーニン」に代わる物語を探して──元新左翼活動家の覚書
- 吉田健二　人生凸凹道を質問力で越えてきた──ソ連派の体験
- 河上　清　日本共産党（左派）の体験から

沖縄は今　　脱原発へ
宗教者の社会活動　北島義信
日本共産党の動向
重大な日本の〈貧困〉──低所得者に〈生存権所得〉を：村岡到　　：岡田　進
ポスト資本主義のもとでの所有
日本におけるコーポレート・ガバナンス：小山洋司
文化大革命と習近平時代　⑨　荒井利明
韓国における音楽と状況　⑱　波津博明
ラテンアメリカの動向　⑤　一井不二夫
「社会主義に向かう労働運動」路線を確立：須田光照

季刊フラタニティ刊行基金

呼びかけ人

浅野純次　石橋湛山記念財団理事
澤藤統一郎　弁護士
出口俊一　兵庫県震災復興研究センター事務局長
西川伸一　明治大学教授
丹羽宇一郎　元在中国日本大使
鳩山友紀夫　東アジア共同体研究所理事長

定期購読　4号：4000円
振込口座　00140-8-105265
ロゴス